AUG 21

CHICAGO PUBLIC LIBRARY
PORTAGE-CRAGIN BRANCH
5108 W. BELMONT AVE

María del Pozo

La olla lenta regional

78 recetas de cocina tradicional española
para *slow cooker*

Fotografías de Ignacio Calvo Martínez

Papel certificado por el Forest Stewardship Council®

Primera edición: noviembre de 2020

© 2020, María del Pozo Valdehita, por el texto
© 2020, Ignacio Calvo Martínez, por las fotografías del interior
Penguin Random House Grupo Editorial, S. A. U.
Travessera de Gràcia, 47-49. 08021 Barcelona

Penguin Random House Grupo Editorial apoya la protección del *copyright*.
El *copyright* estimula la creatividad, defiende la diversidad en el ámbito de las ideas y el conocimiento, promueve la libre expresión y favorece una cultura viva. Gracias por comprar una edición autorizada de este libro y por respetar las leyes del *copyright* al no reproducir, escanear ni distribuir ninguna parte de esta obra por ningún medio sin permiso. Al hacerlo está respaldando a los autores y permitiendo que PRHGE continúe publicando libros para todos los lectores.
Diríjase a CEDRO (Centro Español de Derechos Reprográficos, http://www.cedro.org) si necesita fotocopiar o escanear algún fragmento de esta obra.

Printed in Spain – Impreso en España

ISBN: 978-84-18045-21-9
Depósito legal: B-11.652-2020

Diseño de cubierta: Penguin Random House Grupo Editorial
Compuesto en M. I. Maquetación, S. L.
Impreso en Gráficas 94, S. L.
Sant Quirze del Vallès (Barcelona)

VE45219

Penguin
Random House
Grupo Editorial

Índice

R0460302068

Agradecimientos . . . 5
Prólogos . . . 6
Indicaciones antes de empezar . . . 8
Los útiles más útiles . . . 10
Raciones y tamaño de la olla . . . 11

Primeros, entrantes y aperitivos
- *All i pebre* de anguila . . . 14
- Almejas a la marinera . . . 16
- Caldo de millo . . . 18
- Caldo gallego . . . 20
- Caracoles a la mallorquina . . . 22
- Choricitos a la sidra . . . 24
- *Esgarraet* . . . 26
- Habitas con jamón . . . 28
- Huevos a la flamenca . . . 30
- Menestra a la riojana . . . 32
- Michirones cartageneros . . . 34
- Morteruelo de Cuenca . . . 36
- Níscalos estofados al ajillo . . . 38
- Olla gitana . . . 40
- Oreja a la gallega o a la plancha . . . 42
- Papas arrugadas . . . 44
- Patatas a la riojana . . . 46
- Patatas revolconas . . . 48
- Pisto . . . 50
- Pochas a la navarra . . . 52
- Pulpo a la gallega . . . 54
- Riñones al jerez . . . 56
- Salsa romesco . . . 58
- Sopa de tomate extremeña . . . 60
- Sopa castellana o de ajo . . . 62
- Sopa mallorquina . . . 64
- Torreznos . . . 66
- Zanahorias *aliñás* gaditanas . . . 68

Platos principales
- Ajo *colorao* . . . 72
- Albóndigas en salsa . . . 74
- Atún encebollado . . . 76
- Bacalao a la vizcaína . . . 78
- Bonito con tomate . . . 80
- *Botifarra amb mongetes* . . . 82
- Caldereta de cordero . . . 84
- Callos a la madrileña . . . 86
- Carrilleras a la granadina . . . 88

Cocido madrileño 90
Cocido montañés 92
Conejo en salmorejo 94
Costillas ibéricas con patatas 96
Cuscús de cordero 98
Duelos y quebrantos 100
Escudella i carn d'olla 102
Fabada asturiana 104
Gazpachos manchegos 106
Judiones de La Granja.............. 108
Lacón con grelos 110
Lengua en salsa 112
Lentejas de la abuela............... 114
Marmitako 116
Pastel de cabracho.................. 118
Patatas a la importancia 120
Perdices en escabeche 122
Piquillos rellenos 124
Pollo a la moruna 126
Pollo al chilindrón................... 128
Pollo en pepitoria 130
Potaje de vigilia con «pelotas»....... 132
Rabo de toro a la cordobesa......... 134
Rancho canario..................... 136
Ropa vieja 138
Sepia en su tinta 140
Sopas de truchas de Órbigo 142
Verdinas con almejas y langostinos .. 144

Postres
Arroz con leche..................... 148
Cabello de ángel.................... 150
Dulce de membrillo 152
Flan de huevo 154
Gachas reales 156
Gató de almendras 158
Melocotones al vino 160
Quesada pasiega 162
Quesillo canario 164
Sopa de almendras 166
Tarta de Santiago 168
Tocinillo de cielo 170

Ingredientes y reemplazos.............. 172

Agradecimientos

Es de bien nacidos ser agradecidos"

A **Ignacio**. Por todo.

A mi familia: mi hermana **Bicky**, mis papis **Florencio** y **Maite**, mis peques **Javi** y **Clara** y otra vez a mi chico **Ignacio**. Todos ellos han sufrido en sus carnes este libro. Los he torturado durante todo un verano con pucheros y platos de cuchara; han sufrido cada fracaso y disfrutado de cada éxito; han hecho de pinches, cortadores, peladores, catadores, críticos, lavaplatos, estilistas, fotógrafos, correctores y recogemesas; han esperado pacientemente con el plato delante a que sacásemos la foto... Y todo con una sonrisa. ¡Sois los mejores!

A todos los que me han conseguido ingredientes raros, me han chivado los secretos de sus abuelas, me han prestado menaje para las fotos, han cocinado o probado las recetas del libro, me han dado consejos, han revisado las versiones finales o me han inspirado y animado a seguir adelante con este proyecto: **Judith**, **Jaime**, **José Mari**, **Lucrecia**, **Sara**, **Karen**, **Nuncy**, **Mariví**, **Carolina**, **Ricardo**, **Laura**, **Norys**, **Ingrid**, **Álvaro**, **José Luis**, **Maristela**... ¡bufff! y muchos más.

A **Jimena** y **Fonso**, de Recetasderechupete.com, por sus ánimos y todos sus sabios consejos.

A todos los integrantes del grupo de Facebook *Crockpotizados* y especialmente a su administradora, **Marta**, autora del blog *Crockpotting.es*. Junto a vosotros he aprendido todo lo que sé sobre ollas lentas y no hay día que pase en el que no aprenda algo nuevo.

A **Inma**, que me convenció de que sin una olla lenta no podía vivir. Y tenía razón.

Ollalenta.es
Síguenos en Facebook: facebook.com/ollalenta
e-mail: info@ollalenta.es

Prólogos

Descubrir la cocina en *slow cooker* ha cambiado para siempre el paisaje de mi cocina y de mi mesa. Aquella curiosidad inicial se convirtió en pocas semanas en un reto y un disfrute: desde entonces han pasado muchas recetas por mis ollas de cocción lenta y cada día tengo más claro que, si bien la Crock-Pot® fue un invento estadounidense, se adapta perfectamente a la cocina española.

Con esta convicción afronta María su recetario de cocina española en *slow cooker*, una aventura deliciosa que te ayudará a aprovechar lo mejor de nuestra cocina con una cocción de calidad. El chup chup de las cocinas de antes, esas en las que se dejaba una olla sobre la chapa de una cocina de carbón durante horas, ahora está a nuestro alcance a un enchufe de distancia.

En su recetario, María nos guía con buena mano por guisos clásicos y postres suculentos, y experimenta para que podamos meternos en harina sin miedo: cada receta está probada, comprobada y aprobada por su comité de expertos comilones.

Abre fuego con un *all i pebre* de anguila, nada más y nada menos, en un viaje que pasa por Galicia, Mallorca, Cataluña, La Rioja, Cuenca y otros muchos rincones de nuestra rica gastronomía. Leer este libro ha sido como sentarse a su mesa empuñando la cuchara con un estómago infinito. Prepárate para descubrir cómo darle la vuelta a la cocina tradicional española con las recetas de María. Que nadie te vuelva a decir que cocinar en olla lenta es cosa de chili con carne y *pulled pork*: ¡que vivan el *gató* de almendras, la ropa vieja y el *marmitako*!

Marta Miranda*

* Autora del blog *Crockpotting*.es y administradora del grupo de Facebook *Crockpotizados: cocina con slow cooker*.

Hace poco tuve la oportunidad de acudir a un congreso de gastronomía y, si tuviese que hacer un resumen del mismo, diría que volvemos a la cocina de nuestras abuelas. Esos platos tradicionales de toda la vida que todos queremos volver a recordar, esos aromas que se han quedado en nuestra memoria desde pequeños.

Los domingos mi abuela preparaba cocido, lacón con grelos, bonito con tomate..., y, por supuesto, postres de lo más *larpeiro*, la mayoría de ellos en la cocina de leña que ponía a calentar por la mañana bien temprano. Esa cocina era a fuego lento, al igual que este libro, en el que Mery fusiona la cocina más tradicional con la comodidad de la *slow cooker*. He vivido de primera mano la creación de este libro, viendo cómo conseguía ingredientes de aquí y allá para recuperar platos y recetas de toda la vida. Incluso los he podido probar y disfrutar. Un gran esfuerzo de Mery para adaptar este estilo de cocina, incluso recuperarla, para que tu olla lenta trabaje por ti; solo fíate de la cocinera y el resultado será de rechupete.

Los sabores, guisos y estofados de antaño se pueden lograr hoy con la esencia del «fuego lento», pero con recetas más sanas y ligeras. Con este libro podrás hacer en tu olla lenta una gran variedad de platos, sacando partido al sabor de cada ingrediente y sin necesidad de alejarte de la mejor cultura gastronómica de España. Y como la buena cocina, disfrutarla con los nuestros: familia y amigos.

Comer en compañía nos hace más inteligentes, sanos y felices. No lo digo yo: lo afirma también la ciencia. Este libro nos ayuda a recuperar esos valores tradicionales de cocina del domingo, sentarnos todos juntos a la mesa. Una tradición antes común en nuestras casas que parece reñida con el estilo de vida que llevamos, pero que es fácil de mantener si ponemos a trabajar nuestra *slow cooker*.

Os dejo con más de 70 recetas para cocinar lentamente. Platos y guisos deliciosos para aprovechar tu cazuela de cocción lenta, sentarse alrededor de una mesa para compartir emociones, intercambiar ideas, contar historias, soltar las penas, reírse, nutrirse y celebrar la vida. Ideas para cocinar bien y con poco esfuerzo.

Hagamos caso al gastrónomo francés Fernan Point: «No se puede cocinar bien si no se pone en ello el corazón, dado que, por encima de todo, se trata de que reinen en torno a la mesa sentimientos de amistad y de fraternidad».

Alfonso López*

* Autor del blog *Recetasderechupete.com* y de los libros *Comer bien a diario*, *Postres de rechupete*, *Cenas en 25 minutos* y *Recetas de táper para el curro.*

Indicaciones antes de empezar

Las recetas son indicativas

Recetas regionales. Recetas típicas. No hay peor berenjenal en el que meterse. En estos últimos meses he podido comprobar que no existe eso que llaman plato tradicional. Cada uno en su casa hace sus variaciones y ninguna versión es la buena o es «como lo hacía mi abuela». Gente de la misma región, de la misma provincia o incluso de la misma zona no se pone de acuerdo sobre lo que es tradicional y lo que no. Lo que algunos consideran ingrediente fundamental puede llegar a ser anatema para otros.

Para más dificultad, los platos regionales tienen en sí mismos un alma mutable. Sus orígenes son humildes: pastores, pescadores, amas de casa o labriegos, que usaban diferentes ingredientes cada vez, lo que tenían dependiendo de la estación, del clima o del momento.

He tratado de documentarme, preguntar a restauradores, amas de casa o cocineros locales o incluso bucear en libros para ser lo más fiel posible a la tradición, pero creo que es muy difícil contentar a todo el mundo. Así que al final he decidido rendirme: declaro oficialmente que estas recetas serán, como mucho, mi versión personal de las recetas tradicionales. Te invito a usarlas como guía, cambiando los ingredientes que te parezca oportuno para hacer la receta que has heredado de tu familia. Porque, admitámoslo, como la receta de tu abuela no hay ni habrá ninguna.

Los ingredientes son indicativos

Puede que encuentres recetas cuyos ingredientes desconoces, no te gustan o no eres capaz de conseguir. ¡Enhorabuena! Creo en la innovación, en probar cosas distintas, en cambiar los sabores, en experimentar y en adaptar las cosas a nuestro gusto. Y como ya he dejado claro que la tradición, al menos la gastronómica, no está escrita en piedra, no deberíamos tener cargo de conciencia por cambiar los componentes de la receta a nuestro gusto o nuestras posibilidades. Espero que nadie tenga que dejar de hacer un plato porque no le gusta un ingrediente o no lo encuentra en su mercado.

Al final del libro (página 172) hay una tabla de ingredientes, con descripciones y posibles sustitutos de los más complicados de conseguir o por si sirve como inspiración para modificar las recetas.

He intentado hacer las listas de ingredientes lo más precisas posible en cuanto a las cantidades, para facilitar los reemplazos o evitar cocinar a ojo. Aun así, hay algunas medidas un poco menos concretas, pero quizá más útiles en cocina, como las cucharadas o las pizcas. Solo un par de consideraciones: las cucharadas son siempre soperas y las cucharaditas, siempre de postres y hay que medirlas en ambos casos sin colmo. Las verduras tienen pesos variables, pero creo que por sentido común todos sabemos si nuestro tomate es grande o pequeño y podemos calcular en consecuencia.

El comer y el rascar, todo es empezar ”

Los tiempos son indicativos

Es duro, pero es así. No todas las ollas son iguales y no todas calientan del mismo modo. Las hay más rápidas, más lentas, con velocidades intermedias..., ¡el caos! Y no solo eso, sino que hay personas a las que le gusta la carne más hecha, la verdura más blanda o el garbanzo más entero. Así que lo mejor que puedo ofrecer son tiempos estimados.

He tratado de incluir en cada receta indicaciones que te permitan saber si un plato está o no acabado para decidir si lo tienes que dejar más o menos tiempo, así que cuando leas algo del tipo «probamos si la legumbre está tierna», tendrás que asumir que, si no lo está, deberás dejar el guiso cocinándose a la misma temperatura un rato más e ir probando hasta que esté a tu gusto antes de avanzar. Y si, por el contrario, ves que se te ha pasado de cocción, tendrás que acortar tiempos la próxima vez.

Pero no desfallezcas. Lo primero que tienes que hacer si ves que tus tiempos varían con respecto a los del libro es apuntar los que a ti te sirven. Haz una chuleta de tiempos buenos para tu olla y, muy pronto, en cuanto hayas hecho unas cuantas pruebas, sabrás enseguida si la receta necesita más o menos tiempo.

La olla es indicativa

Sí, he hecho trampas. ¡Culpable! Este no es un libro de cocina en olla lenta. Bueno, sí, pero no. Es cierto que todas las recetas se preparan en la *slow cooker*, pero la olla no es lo único que vamos a usar para cocinar. La olla sirve para cocer, asar, hornear o guisar al baño maría, pero, admitámoslo, no dora, no fríe, no gratina..., así que en muchos casos te voy a pedir que uses una sartén, el grill del horno o un cazo para ciertas cosas.

Sofreír o no sofreír: la eterna pregunta. En muchas recetas indico que se sofría la verdura o que se marque la carne porque considero que da un sabor y un aspecto mucho mejores a los platos y no se pierde demasiado tiempo (solo hay que dorar un poco, sin cocinar). Pero es verdad que muchas veces, si vamos justos de tiempo o no queremos ensuciar un cacharro más, podríamos saltarnos ese paso y cocinarlo todo directamente en crudo. ¿Y cuándo —me preguntarás— podemos saltarnos el dorado y hacer un *todopadentro*? El marcado de carnes nunca es imprescindible, pero para las verduras solo podemos ahorrarnos el dorado cuando los tiempos de cocción sean suficientes para cocinar los ingredientes incluso sin sofreírlos primero. Yo diría que en recetas de más de 6 horas en temperatura baja o más de 3 en alta.

Y si eres uno de esos afortunados cuya *slow cooker* les permite sofreír en la propia olla, no lo dudes y elimina la sartén de la ecuación.

Los útiles más útiles

En casa de herrero, cuchillo de palo

La sartén

Es muy recomendable tener una buena sartén o, incluso mejor, un *wok* de una capacidad aproximada de la mitad de nuestra olla, de manera que podamos sofreír cómoda y rápidamente los ingredientes de nuestras recetas.

Es preferible que elijamos uno con un recubrimiento antiadherente y que lo reemplacemos cuando el recubrimiento empiece a deteriorarse.

La jarra desgrasadora

La jarra desgrasadora es un recipiente que, por la colocación de su vertedor, permite separar en caliente por decantación el caldo de la grasa. Así, podemos desgrasar los guisos y caldos de inmediato después de sacarlos de la olla de un modo sencillo y eficaz y poder servir la comida enseguida. Recomiendo usar una que tenga al menos un litro de capacidad, para desgrasar caldos con facilidad. En el caso de guisos ya preparados, la mejor forma de desgrasarlos es extraer con un cucharón solo el caldo de la superficie del guiso, que es donde se concentra la grasa, separarlo con la jarra y devolver el caldo a la olla.

La lengua de silicona

Una espátula o lengua de repostería es un instrumento muy eficaz para volcar en la olla cualquier guiso o sofrito que hayamos hecho en la sartén, el majado de un mortero o una mezcla elaborada en el vaso de la batidora. Además, nos permitirá sacar hasta la última gota del guiso de la olla sin desperdiciar nada.

La silicona no daña ni el recubrimiento antiadherente de la sartén ni el esmaltado de la olla. Elegiremos una lengua de silicona térmica, que soporte altas temperaturas, para que no se funda al contacto con la sartén.

El mortero

Si hay algo habitual en la cocina regional española son los majados, que tradicionalmente se hacen en morteros o almireces de madera, metal, cerámica o piedra. Recomiendo usar uno de cerámica o piedra, porque su dureza nos ayudará a triturar bien los ingredientes y, al no ser porosos, son más fáciles de limpiar y no absorben olores.

En muchos casos podemos reemplazar el mortero por la batidora, pero hay algunas recetas que requieren el instrumento tradicional, especialmente para moler ciertas especias o hacer majados más irregulares.

Raciones y tamaño de la olla

Vaca grande y el caballo que ande

La mayor parte de las recetas de este libro se ha realizado en una olla de tamaño intermedio, de 4,5 litros de capacidad. Este tamaño es idóneo para hacer 6 raciones y permite que las recetas puedan adaptarse con facilidad a ollas más grandes o más pequeñas.

La forma de adaptar el número de raciones de una receta es incrementar o reducir proporcionalmente los ingredientes, pero sin modificar el tiempo de cocción. Así, una receta de 4 raciones puede adaptarse a 8 raciones multiplicando por 2 los ingredientes y una receta de 6 raciones puede prepararse para 4 reduciendo las cantidades en un tercio. Esto es válido para platos de cuchara, pero no se aplicaría a postres o tapas: en el caso de flanes y bizcochos lo importante es o bien tener un molde que quepa en la olla o bien preparar la receta, sin más, en la cubeta de la olla.

Si no tienes claro si una de las recetas del libro va a caber en tu olla, fíjate en esta tabla que relaciona la capacidad de la olla con el número de raciones: eso te servirá como guía para saber el número máximo de raciones que puedes preparar. Recuerda que los fabricantes recomiendan llenar la olla por lo menos hasta la mitad de su capacidad para que funcione correctamente.

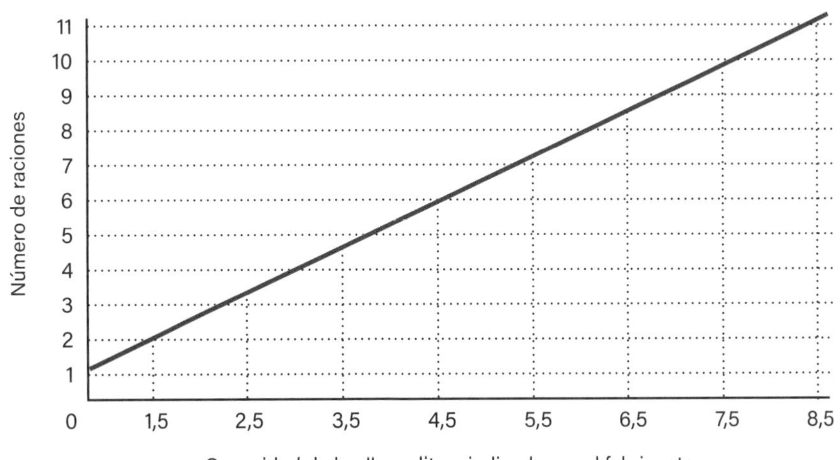

Primeros, entrantes y aperitivos

”

*Come poco y cena temprano
si quieres llegar a anciano*

Ingredientes

1 kg de anguila

1 cabeza de ajos

100 ml de aceite de oliva virgen extra

1 cucharada sopera de pimentón dulce

3 guindillas

1 kg de patatas

400 ml de agua

1 cucharadita de sal

All i pebre de anguila

Raciones: **4 personas** | Cocción: **3:20** ▲ | Región: **Valencia**

Preparación

1. Pedimos en la pescadería que laven bien la piel de la anguila, le quiten las tripas y la corten en trozos de unos 4 centímetros.
2. Cortamos los ajos en rodajas. Los sofreímos en una sartén con el aceite. Cuando estén dorados, echamos el pimentón y la guindilla, damos una vuelta e inmediatamente agregamos el agua. Volcamos en la olla.
3. Añadimos las patatas cortadas en trozos de bocado y la sal. Programamos 3 horas en alta.
4. Pasado este tiempo nos aseguramos de que las patatas estén tiernas pero enteras. Echamos la anguila troceada en la olla y programamos 20 minutos más en alta.

Ingredientes

1 kg de almejas
Agua con hielo
Sal
Aceite de oliva virgen extra
1 diente de ajo
1 cebolla
1 cucharada de harina
1 cucharadita de pimentón de la Vera dulce
1 vasito (150 ml) de vino blanco (ribeiro, albariño...)
2 ramitas de perejil

Almejas a la marinera

Raciones: **6 personas** | Cocción: **2:30** ▲ | Región: **Galicia**

Preparación

1. Lavamos las almejas y las remojamos en agua con hielo y un puñadito de sal para que vayan soltando la arenilla mientras preparamos el resto del guiso.
2. Ponemos el aceite en una sartén y rehogamos el ajo picado. Cuando esté dorado, echamos la cebolla cortada en rodajas muy finas y rehogamos. Añadimos la cucharada de harina y mezclamos 1 minuto. Agregamos el pimentón y el vino y esperamos a que se reduzca un poco.
3. Pasamos todo a la olla. Programamos 2 horas en alta.
4. Pasadas las 2 horas, escurrimos bien las almejas y las ponemos en la olla, mezclamos y cerramos. Esperamos a que se abran (unos 20 minutos) y revolvemos un poco la cazuela para que se impregnen de salsa. Dejamos 10 minutos más y sacamos el guiso de la olla para que no se siga cociendo.
5. Se pueden tomar inmediatamente, pero si se dejan reposar unas horas los sabores se harán más intensos.
6. Servimos decorado con perejil picado.

Caldo de millo

Raciones: **8 personas** | Cocción: **5:10** ▲ | Región: **Canarias**

Ingredientes

1 cebolla
1 pimiento rojo morrón
2 tomates
2 dientes de ajo
500 g de patatas
1 manojo de cilantro
500 g de maíz congelado
2 huesos salados
200 g de panceta salada
2 cucharaditas de pimentón de la Vera dulce
1 pellizco de azafrán
2 l de agua
8 huevos

Preparación

1. Cortamos en cuadraditos la cebolla y el pimiento. Escaldamos, pelamos y cortamos los tomates también en cuadraditos. Prensamos los ajos con el prensador de ajos o cortamos muy menudos. Por último, pelamos, lavamos y cortamos las patatas en trozos algo más grandes.
2. Atamos con una cuerda el manojo de cilantro.
3. Colocamos todos los ingredientes en la olla salvo los huevos y cubrimos de agua. Programamos 5 horas en alta.
4. Retiramos los huesos, la panceta y el manojo de cilantro.
5. Cascamos y añadimos los huevos crudos, uno por comensal, colocándolos con cuidado cerca de los bordes de la olla, bien separados, para que no se mezclen. Podemos ayudarnos de un cucharón de servir para colocarlos. Programamos 10 minutos más en alta para que se escalfen.

Ingredientes

150 g de judías blancas

1 trozo de lacón curado

200 g de costilla de cerdo salada

1 hueso de cerdo salado

500 g de patatas

30 g de unto

1 cucharadita de pimentón de la Vera dulce

1 l de agua

1 manojo de grelos (unos 500 g)

Caldo gallego

Raciones: **4 personas** | Cocción: **8:00** ▼ | Región: **Galicia**

Preparación

1. La noche anterior ponemos en remojo las judías, el lacón, las costillas y los huesos.
2. Cortamos las patatas en trozos de bocado, arrancándolas con el cuchillo para que suelten el almidón.
3. Colocamos en la olla todos los ingredientes excepto los grelos. Programamos 7:30 horas en baja.
4. Cuando quede poco para que acabe la cocción, limpiamos los grelos, descartamos los tallos y las partes más fibrosas y los cortamos en tiras finas. Los grelos son ligeramente amargos; si queremos eliminar parte del amargor y evitar que den color verde al caldo podemos blanquearlos, es decir, hervirlos durante 3 minutos en agua limpia antes de pasarlos a la olla.
5. Pasado el tiempo de cocción, comprobamos el punto de las legumbres y retiramos los huesos y las carnes. Podemos sacar la carne del lacón y de las costillas y devolverla al guiso.
6. Agregamos los grelos. Dejamos cocer 30 minutos más en baja. Probamos y rectificamos de sal si es necesario.

Ingredientes

- 1,5 kg de caracoles vivos
- Aceite de oliva virgen extra
- 4 dientes de ajo
- 2 cebollas
- 2 tomates
- 200 g de panceta salada
- 1 butifarrón negro (unos 200 g)
- 1 butifarra blanca (unos 200 g)
- 50 g de sobrasada
- 1 ramita de mejorana
- 1 ramita de hierbabuena
- 1 rama de tomillo
- 2 hojas de laurel
- 3 guindillas o cayenas
- ½ hinojo
- 1 patata
- 1 vasito de alioli (150 ml)
- Caldo de jamón o de huesos (ver receta de sopa castellana)

Caracoles a la mallorquina

Raciones: **4 personas** Cocción: **1:30** ▲ **+ 8:00** ▼ Región: **Baleares**

Preparación

1. Limpiamos y aclaramos los caracoles con agua varias veces, frotándolos entre ellos, hasta que el agua salga limpia. Los dejamos en remojo media hora.
2. Ponemos los caracoles en la olla, los cubrimos con agua y programamos 1:30 horas en alta. Los caracoles habrán salido de la concha.
3. Descartamos ese agua de cocción, enjuagamos la olla y volvemos a poner en ella los caracoles.
4. Sofreímos en una sartén con un poco de aceite los ajos cortados en cuadraditos menudos y la cebolla en juliana, todo ligeramente salado. Una vez blandos, agregamos 1 cucharada de harina, sofreímos y echamos sobre los caracoles.
5. Ponemos en la sartén otro poco de aceite y sofreímos 1 minuto los tomates pelados y cortados en cuadraditos. Cuando estén pochados y se haya evaporado el agua, volcamos en la olla.
6. Sofreímos en la sartén sin aceite la panceta cortada en trocitos y, cuando haya soltado algo de grasa, el butifarrón y la butifarra cortados en rodajitas. Por último añadimos la sobrasada, le damos unas vueltas y lo echamos todo en la olla. Removemos bien con los caracoles.
7. Atamos las hierbas con un cordel y las colocamos en la olla junto a las guindillas y el medio hinojo entero. Pelamos la patata y la ponemos entera en la olla.
8. Cubrimos con un buen caldo hasta casi el nivel de los caracoles. Tapamos y programamos 8 horas en baja.
9. Una vez acabada la cocción, desechamos las hierbas y el hinojo.
10. Servimos el guiso de caracoles en una fuente junto a una salsa hecha con la patata que hemos cocido con los caracoles, chafada y mezclada con el alioli y un poco del caldo del guiso.

Choricitos a la sidra

Raciones: **6 personas (tapa)** Cocción: **2:00** ▲ Región: **Asturias**

Ingredientes

5 chorizos ahumados asturianos poco curados (500 g)

300 ml de sidra asturiana natural

Preparación

1. Pinchamos cada chorizo dos o tres veces con un tenedor.
2. Colocamos en la olla los chorizos enteros con la sidra. Programamos 2 horas en temperatura alta.
3. Una vez cocinados, cortamos los chorizos en rodajas. Desgrasamos la salsa si lo deseamos y los servimos calientes en una cazuela de barro con la salsa y acompañados de pan.

Ingredientes

600 g de pimiento rojo morrón

Aceite de oliva virgen extra

100 g de migas de bacalao salado

1 diente de ajo

Esgarraet

Raciones: **4 personas** Cocción: **4:00** ▲ Región: **Valencia**

Preparación

1. Untamos el interior de la olla y los pimientos con aceite de oliva y los colocamos dentro. Programamos 4 horas en alta.
2. Sacamos los pimientos y dejamos enfriar. Los pelamos, eliminamos el tallo y las semillas y cortamos en tiras.
3. Picamos el ajo en cuadraditos menudos.
4. Lavamos las migas de bacalao en agua y aclaramos un par de veces para quitar el exceso de sal.
5. Ponemos en un cuenco las migas de bacalao, el ajo picado, los pimientos en tiras y 50 mililitros de aceite de oliva. Mezclamos bien y agregamos un chorrito extra de aceite en la superficie para que queden cubiertos. Dejamos reposar en frío al menos 12 horas.
6. Servimos como ensalada o como tapa en tostadas.

Ingredientes

- 2 dientes de ajo
- 2 cebollas
- 2 cucharadas de aceite
- 1 cucharadita de sal
- ½ vasito de vino blanco (75 ml)
- 150 g de taquitos de jamón
- 900 g de habitas tiernas

Habitas con jamón

Raciones: **6 personas** | Cocción: **4:00** ▼ | Región: **Navarra**

Preparación

1. En una sartén, rehogamos el ajo y la cebolla cortados muy menudos. Agregamos la sal. Echamos el vino y dejamos reducir. Después, volcamos en la olla.
2. Añadimos a la olla el jamón y las habitas y mezclamos.
3. Tapamos y programamos 4 horas en baja. Pasado el tiempo, probamos y rectificamos de sal si es necesario.

Huevos a la flamenca

Raciones: **4 personas** · Cocción: **4:00** ▲ · Región: **Andalucía**

Ingredientes

Aceite de oliva virgen extra

4 dientes de ajo

3 cebollas

1 kg de tomates triturados gruesos

150 g de jamón serrano en taquitos

2 chorizos curados de guisar (unos 200 g)

1 cucharadita de pimentón de la Vera dulce

150 g de guisantes finos

1 kg de patatas

4 huevos

Sal

Preparación

1. Sofreímos en una sartén con un poco de aceite de oliva los dientes de ajo cortados en rodajas y las 3 cebollas cortadas en dados y ligeramente saladas. Ponemos el sofrito en la olla. Agregamos los tomates triturados, los tacos de jamón y el chorizo cortado en rodajas y añadimos el pimentón.
2. Programamos 4 horas en alta.
3. Cuando queden 30 minutos, echamos los guisantes, removemos y dejamos la tapa un poco abierta para que se evapore el caldo.
4. Aparte, cortamos las patatas en dados y las freímos en abundante aceite muy caliente. Deben quedar un poco crujientes pero no muy doradas.
5. Servimos en cazuelitas de barro. Ponemos primero las patatas, luego el guiso y por último hacemos un hueco para poner el huevo crudo. Podemos escalfar los huevos 3 o 4 minutos en el microondas o también 8 minutos en el horno a 200 °C. Otra opción es freír los huevos aparte y colocarlos sobre el plato.

Menestra a la riojana

Raciones: **4 personas** Cocción: **3:00 o 4:00** ▲ Región: **La Rioja**

Ingredientes

6 alcachofas
½ brócoli (unos 300 g)
1 manojo de espárragos verdes (unos 300 g)
250 g de tirabeques
250 g de champiñones
2 zanahorias
500 g de borraja
1 diente de ajo
1 cebolla
Harina
2 huevos
Aceite de oliva virgen extra
150 g de jamón serrano
1 vasito de vino blanco (150 ml)
250 g de guisantes frescos
2 cucharaditas de sal
6 huevos de codorniz

Preparación

1. Limpiamos las alcachofas y dejamos solo los corazones. Cortamos cada corazón en mitades. Separamos el brócoli en ramilletes de tamaño de bocado y eliminamos los tallos. Cortamos las puntas de los espárragos (aproximadamente 3 centímetros) y descartamos los tallos (podemos usarlos para otra elaboración). Cortamos los tirabeques en trozos, los champiñones en rodajas y las zanahorias peladas en bastoncitos de 3 centímetros. Limpiamos la borraja, eliminamos las hojas y los tallos exteriores y nos quedamos con los tallos más tiernos. Pasamos un estropajo limpio por los tallos para eliminar la pelusa y los cortamos en trozos de 3 centímetros. Cortamos la cebolla y el ajo en cuadraditos menudos.
2. Rebozamos los trozos de brócoli y los de alcachofa pasándolos primero por huevo y luego por harina. Freímos en una sartén con abundante aceite caliente. Reservamos.
3. También en una sartén usamos un par de cucharadas de aceite para sofreír el ajo y la cebolla. Echamos en la olla.
4. Con otras 2 cucharadas de aceite salteamos un poco el jamón serrano y añadimos 2 cucharadas de harina. Dejamos que se dore y regamos con el vino blanco. Mezclamos bien hasta que se forme una pasta y echamos en la olla.
5. Colocamos todas las verduras crudas en la olla: espárragos, tirabeques, champiñones, zanahorias, borraja y guisantes. Agregamos la sal y mezclamos las verduras con el jamón. Colocamos encima las verduras rebozadas. Tapamos la olla y programamos 3 horas en alta para unas verduras al dente o hasta 4 para verduras más tiernas.
6. Mientras, cocemos los huevos de codorniz en un cazo durante 5 minutos. Enfriamos, pelamos y cortamos en mitades.
7. Acabada la cocción, rectificamos de sal, servimos y adornamos cada plato con 3 mitades de huevo de codorniz.

Michirones cartageneros

Raciones: **4 personas** | Cocción: **8:00** ▲ | Región: **Murcia**

Ingredientes

500 g de habas secas
2 chorizos curados de guisar (200 g)
200 g de panceta fresca en bloque
200 g de jamón en bloque
½ cebolla
½ cabeza de ajos cortada en horizontal
1 cucharada de pimentón de la Vera dulce
3 guindillas o cayenas
2 hojas de laurel
1.400 ml de agua

Preparación

1. Ponemos las habas en remojo con agua blanda como mínimo 24 horas y cambiamos el agua 2 o 3 veces. Si el agua de nuestra zona no es blanda o si no sabemos si lo es, mejor usar agua embotellada, tanto para el remojo como para cocer las habas.
2. Cortamos el chorizo en rodajas y la panceta y el jamón, en tiras.
3. Colocamos todos los ingredientes en la olla y cocemos 8 horas en alta.
4. Una vez acabada la cocción, rectificamos de sal si es necesario.

¿Sabías que...?

Los michirones pueden ser un primer plato, pero en Murcia es muy típico servirlos como tapa o aperitivo, tanto en celebraciones como para acompañar unos vinos o unas cervezas.

Morteruelo de Cuenca

Raciones: **8 personas** Cocción: **8:00** ▼ **+ 2:00** ▲ Región: **Castilla-La Mancha**

Ingredientes

½ liebre o conejo de campo

1 perdiz

¼ de gallina

250 g de jamón serrano

250 g de hígado de cerdo

250 g de panceta fresca

2 l de agua

5 cucharaditas de pimentón de la Vera dulce

1 cucharadita de canela

1 cucharadita de clavo molido

1 cucharadita de alcaravea

1 cucharadita de pimienta

200 g de pan rallado

Sal

Preparación

1. Limpiamos las carnes y las ponemos en la olla. Cubrimos con 2 litros de agua y programamos 8 horas en baja. Sacamos las carnes y colamos, desgrasamos y reservamos el caldo. Retiramos los huesos y pieles y cortamos todo fino con el cuchillo. El hígado y la panceta pueden triturarse en un mortero, que al fin y al cabo es lo que le da el nombre a la receta.
2. Volvemos a poner las carnes picadas en la olla junto con las especias y el pan rallado. Agregamos el caldo reservado hasta que la pasta tenga la densidad deseada; hay que pensar que tras la cocción debe quedar como un paté. Programamos 2 horas más en alta.
3. Pasado este tiempo, rectificamos de sal y removemos hasta obtener la consistencia adecuada.

Truco

La tradición dice que el morteruelo se sirve bien caliente y preferiblemente en cazuelitas de barro, a modo de paté, acompañado de pan. Pero frío también está delicioso.

Níscalos estofados al ajillo

Raciones: **4 personas** | Cocción: **3:00** ▲ | Región: **España**

Ingredientes

1 kg de níscalos
6 dientes de ajo
3 cucharadas de aceite
2 cucharadas de harina
1 vasito de vino blanco seco (150 ml)
1 cucharadita de sal
2 ramitas de perejil fresco

Preparación

1. Limpiamos bien los níscalos bajo el chorro de agua, pero sin dejarlos en remojo. Conviene ayudarse de un cepillo muy suave. Los cortamos en trozos de bocado y los ponemos en la olla.
2. Cortamos los ajos en cuadraditos menudos.
3. En una sartén, calentamos el aceite y sofreímos los ajos. Una vez dorados, añadimos la harina y dejamos que se dore un poco. Echamos el vino blanco y cuando la harina haya espesado, volcamos todo en la olla, sobre los níscalos.
4. Salamos y programamos 3 horas en alta.
5. Pasado el tiempo, probamos, rectificamos de sal si es necesario y servimos decorado con perejil fresco picado.

Ingredientes

300 g de garbanzos
300 g de patatas
3 peras de agua
250 g de calabaza
250 g de judías
1 cebolla
1 tomate
1 diente de ajo
50 ml de aceite de oliva virgen extra
2 cucharaditas de pimentón de la Vera dulce
1 pellizco de azafrán
1,5 l de agua
1 cucharadita de comino molido
1 hoja de laurel
2 ramas de hierbabuena fresca
2 cucharaditas de sal

Olla gitana

Raciones: **6 personas** | Cocción: **10:00** ▲ | Región: **Murcia**

Preparación

1. Ponemos en remojo los garbanzos en agua blanda al menos 12 horas antes de empezar a cocinar.
2. Pelamos y cortamos las patatas, las peras y la calabaza en trozos de bocado. A las judías verdes les eliminamos los hilos laterales y las cortamos también en trozos. Cortamos la cebolla en dados pequeños y el tomate también, después de escaldarlo y pelarlo. Los ajos los picamos en cuadraditos menudos.
3. Ponemos en una sartén caliente el aceite y los ajos y, cuando empiecen a dorarse, echamos el pimentón de la Vera y el azafrán. Inmediatamente, para que no se quemen, añadimos la cebolla y el tomate, salamos y sofreímos un poco. Ponemos en la olla.
4. Agregamos a la olla los garbanzos remojados, la patata, las judías, la calabaza, las peras, la sal y el comino. Cubrimos el guiso con el agua y ponemos encima el laurel y las ramas de hierbabuena. Programamos 10 horas en alta.
5. Pasado este tiempo comprobamos que los garbanzos y las verduras estén tiernos, rectificamos de sal, retiramos las ramas de hierbabuena y el laurel y servimos bien caliente.

Oreja a la gallega o a la plancha

Raciones: **4 personas (tapa)** Cocción: **8:00** ▼ Región: **Galicia/ Madrid**

Ingredientes

2 orejas

½ cebolla

1 hoja de laurel

1 cucharada de sal

2 l de agua

2 cucharaditas de pimentón de la Vera agridulce

Aceite de oliva virgen extra

4 dientes de ajo

2 ramitas de perejil

Preparación

1. Ponemos en la olla las orejas, la media cebolla, el laurel y la sal. Cubrimos de agua y programamos 8 horas en baja.
2. Pasado este tiempo sacamos la oreja, dejamos que se enfríe un poco y la cortamos en trozos de bocado.
3. Para servir la oreja a la gallega colocamos los trozos de oreja en un plato de madera y espolvoreamos con pimentón agridulce y a continuación regamos con un chorrito de aceite de oliva virgen extra.
4. Para servir la oreja a la plancha, echamos en una sartén con un chorro de aceite de oliva los ajos cortados en cuadraditos menudos hasta que empiecen a dorarse. Agregamos la oreja cortada y el pimentón. Salteamos a fuego vivo, servimos en una cazuelita y decoramos con perejil fresco picado.

Ingredientes para las papas arrugadas

1 kg de papas antiguas canarias pequeñas (variedad negra, bonita...)

200 g de sal gorda

½ limón

400 ml de agua

Ingredientes para el mojo picón

1 pimienta picona

4 dientes de ajo

1 cucharadita de cominos en grano

Sal gorda

1 cucharada de pimentón dulce

20 g de pan frito

Aceite de oliva virgen extra

100 ml de agua

50 ml de vinagre

Papas arrugadas

Raciones: **4 personas** | Cocción: **2:30** ▲ | Región: **Canarias**

Preparación

1. Lavamos bien las papas y las ponemos en la olla enteras y sin pelar con la sal, el medio limón y el agua, asegurándonos de que queden cubiertas hasta la mitad de la altura del recipiente.
2. Programamos 2 horas en alta. Las pinchamos con un cuchillo para comprobar si están tiernas y si no, las dejamos un poco más. Cuando se pinchen fácilmente, meneamos un poco la olla para que las patatas se impregnen del agua salada, la tapamos con un trapo (pero sin la tapa) y dejamos media hora más en alta.
3. Sacamos las papas, las ponemos en un plato y esperamos a que la piel se seque y se forme una capa blanca.
4. Servimos como guarnición de carnes o pescados. También pueden tomarse solas, como tapa, con mojo picón o con otra salsa de nuestro gusto.

Mojo picón

1. Para preparar un mojo picón casero trituramos en un mortero o en el vaso de la batidora 4 dientes de ajo, la carne de 1 pimienta picona, 1 cucharadita de cominos en grano, 1 pizca de sal gorda, 1 cucharada de pimentón dulce y 1 rodaja de pan frito (unos 20 g). Trituramos todo junto con 100 mililitros de aceite de oliva virgen extra, 100 mililitros de agua y 50 mililitros de vinagre. Cuando la salsa tenga la consistencia deseada, rectificamos de sal y de vinagre y servimos acompañando las papas arrugadas.

Patatas a la riojana

Raciones: **4 personas** | Cocción: **8:00** ▼ | Región: **La Rioja**

Ingredientes

2 pimientos choriceros
3 dientes de ajo
2 cebollas
1 pimiento verde italiano pequeño
1,2 kg de patatas
1 chorizo riojano curado (200 g)
Aceite de oliva virgen extra
2 cucharaditas de pimentón de la Vera dulce
2 hojas de laurel
2 cucharaditas de sal
900 ml de agua

Preparación

1. Ponemos en remojo los pimientos choriceros en un cuenco con agua templada. Cuando estén blandos, sacamos la carne con una cuchara y la echamos a la olla.
2. Cortamos el ajo, la cebolla y el pimiento verde en cuadraditos. Pelamos, lavamos y cortamos las patatas, arrancando los trozos para que suelten el almidón.
3. Cortamos el chorizo en rodajitas.
4. Sofreímos en una sartén el ajo con un poco de aceite hasta que se dore y luego añadimos la cebolla con el pimiento verde y los rehogamos. Pasamos a la olla.
5. Agregamos a la olla las patatas chascadas, el chorizo, el pimentón, las hojas de laurel y la sal. Cubrimos con el agua. Programamos 8 horas en baja.
6. Acabada la cocción desgrasamos la superficie y rectificamos de sal si es necesario.

Truco

A mí me gusta espesar un poco el guiso batiendo unas patatas con el caldo y devolviéndolo de nuevo a la olla.

Patatas revolconas

Raciones: **4 personas** · Cocción: **4:00** ▲ · Región: **Castilla y León**

Ingredientes

1 kg de patatas

400 ml de agua

1 cucharadita de sal

50 ml de aceite de oliva virgen extra

4 dientes de ajo

100 g de chorizo

300 g de papada de cerdo adobada (torrezno crudo)

2 cucharaditas de pimentón de la Vera agridulce

Preparación

1. Pelamos las patatas y las cortamos en trozos de bocado. Colocamos las patatas en la olla, cubrimos con el agua y añadimos la sal. Programamos 4 horas en alta.
2. Pasado este tiempo comprobamos que las patatas estén tiernas.
3. Cortamos los ajos en cuadraditos pequeños; los torreznos, en tiras finas y el chorizo, en daditos.
4. Calentamos el aceite de oliva en una sartén y freímos los ajos hasta que se doren. Agregamos el pimentón y damos un par de vueltas. Echamos todo sobre las patatas.
5. Con la mano de un mortero o con un prensador de patatas machacamos un poco las patatas, mezclándolas con el aceite, el ajo y el pimentón. Podemos dejar la textura más gruesa o más fina, según nuestro gusto.
6. En la misma sartén, sin agregar aceite, damos un par de vueltas a los trozos de chorizo hasta que se doren. Reservamos.
7. Echamos las tiras de torrezno y dejamos que se doren lentamente hasta que estén crujientes. Ponemos los torreznos en un plato con papel absorbente y descartamos la grasa.
8. Servimos el puré decorado con los torreznos crujientes y los trozos de chorizo.

Pisto

Raciones: **4 personas** Cocción: **4:00** ▲ Región: **Castilla-La Mancha**

Ingredientes

1 berenjena
Sal
2 calabacines
3 cebollas
1 pimiento morrón rojo
1 pimiento morrón verde
3 tomates
4 dientes de ajo
Aceite
Azúcar
Pimienta
4 huevos (opcional)

Preparación

1. Pelamos la berenjena y la cortamos en cubitos de 1 centímetro. Es el tamaño que usaremos para el resto de las verduras, salvo el ajo. Colocamos la berenjena en un colador y le echamos dos cucharaditas de sal. Removemos y dejamos que la berenjena «sude» los líquidos amargos.
2. Pelamos y cortamos los calabacines y las cebollas en cuadraditos y reservamos en un bol.
3. Limpiamos los pimientos de pepitas y de nervios, los cortamos también en cuadraditos y los ponemos en el mismo bol de la cebolla.
4. Escaldamos, pelamos y cortamos los tomates en cuadraditos.
5. Cortamos el ajo en cuadraditos menudos y reservamos.
6. Sofreímos las verduras por orden de dureza. Primero la cebolla y el pimiento, con un poco de aceite y 1 cucharadita de sal. Cuando estén blandos los ponemos en la olla.
7. Enjuagamos la berenjena con un poco de agua, escurrimos y la sofreímos junto con los calabacines y un poco de aceite hasta que se doren. No añadimos sal: bastará con la que haya absorbido la berenjena. Vertemos en la olla.
8. Por último doramos los ajos en un poco de aceite y echamos los dados de tomate y 1 cucharadita de azúcar. Sofreímos hasta que se forme un puré y dejamos que evapore el máximo de líquido posible. Añadimos a la olla.
9. Removemos el contenido de la olla, agregamos 1 pizca de pimienta negra y programamos 3 horas en alta. Pasado este tiempo, programamos 1 hora más en alta con la olla destapada. El pisto estará listo para servir.
10. Si nos apetece acompañar el pisto con unos huevos escalfados, ponemos los huevos en la olla para escalfarlos, con la tapa cerrada y en temperatura alta, hasta que se hagan a nuestro gusto. También podemos agregar un huevo en el plato de cada comensal y escalfarlo en el microondas de 3 a 4 minutos dependiendo de cómo nos guste.

Pochas a la navarra

Raciones: **6 personas** | Cocción: **8:00** ▼ | Región: **Navarra**

Ingredientes

- 1 cebolla
- 1 pimiento verde morrón
- 1 kg de pochas frescas
- 1 tomate
- 2 dientes de ajo
- 100 ml de aceite de oliva virgen extra
- 1 cucharadita de pimentón de la Vera dulce
- 1 l de agua
- 1 hoja de laurel
- 2 cucharaditas de sal

Preparación

1. Cortamos la cebolla, el pimiento y el tomate, previamente escaldado y pelado, en cuadraditos pequeños, y picamos el ajo.
2. Echamos las pochas en la olla.
3. Ponemos en una sartén la mitad del aceite de oliva. Sofreímos los ajos y, cuando estén dorados, echamos el pimentón, la cebolla y el pimiento. Sofreímos un poco y echamos en la olla.
4. Agregamos en la misma sartén el tomate, dejamos que reduzca un poco y lo echamos también en la olla.
5. Cubrimos de agua, añadimos la hoja de laurel y programamos 8 horas en baja.
6. Pasado el tiempo probamos las legumbres para ver si están tiernas. Si están bien hechas, sacamos la olla cerámica de la carcasa, añadimos la sal y los 50 mililitros restantes de aceite. Meneamos la olla con movimientos rápidos para que se mezclen la sal y el aceite pero no se rompan las legumbres.
7. Servimos calientes.

Pulpo a la gallega

Raciones: **6 personas** | Cocción: **8:00** ▼ | Región: **Galicia**

Ingredientes

3 kg de pulpo previamente congelado y descongelado

8 patatas medianas

2 hojas de laurel

½ cebolla (opcional)

Aceite de oliva virgen extra

Sal gorda

Pimentón de la Vera agridulce

Preparación

1. Pelamos y lavamos las patatas.
2. Metemos en la olla las patatas enteras y ponemos el pulpo o los pulpos encima, con la cabeza hacia abajo y el centro de los tentáculos hacia arriba. Agregamos las hojas de laurel y la media cebolla pelada si queremos. No es necesario echar ningún líquido.
3. Programamos 8 horas en baja. Es mejor no tocarlo hasta la hora de sacarlo para que no se marque la piel demasiado.
4. Al acabar la cocción, el pulpo habrá soltado en torno a la mitad de su peso en caldo. Comprobamos el punto del pulpo pinchando con una brocheta en la base de los tentáculos para ver si entra con facilidad. Sacamos del líquido y lo ponemos en una tabla para que se temple un poco antes de cortarlo. Sacamos también las patatas.
5. Cuando estén templadas, cortamos las patatas en rodajas finas (habrán quedado rosas por fuera al hacerse con el jugo del pulpo) y las colocamos en platos individuales o en una fuente, preferiblemente de madera.
6. Con unas tijeras, cortamos los tentáculos del pulpo en rodajas de 1 centímetro, sin llegar a la parte central del cuerpo, más dura. Disponemos los trozos sobre las patatas. Se pueden servir también las cabezas, pero yo no lo hago.
7. Regamos con aceite de oliva virgen extra y condimentamos con sal gorda y pimentón de la Vera.

Truco

El jugo que ha soltado el pulpo durante la cocción es muy sabroso. Yo suelo guardarlo y lo aprovecho para hacer un arroz de pulpo, en el que añado la cabeza del pulpo troceada.

Ingredientes

1,5 kg de riñones de cordero

Agua

100 ml de vinagre

2 cucharaditas de sal

1 pizca de pimienta negra recién molida

2 cebollas

2 dientes de ajo

Aceite de oliva virgen extra

1 rama de romero

2 cucharadas de harina

300 ml de vino de Jerez seco

Riñones al jerez

Raciones: **4 personas** | Cocción: **3:00** ▲ | Región: **Madrid**

Preparación

1. Pedimos en la carniçería que eliminen la grasa y la membrana externa de los riñones y los corten por la mitad.
2. Eliminamos la parte blanca central de cada riñón con unas tijeras, procurando manipularlos lo menos posible. Cubrimos las mitades de agua y añadimos el vinagre y lo dejamos 15 minutos. Enjuagamos con abundante agua limpia.
3. Escurrimos y salpimentamos los riñones con 1 cucharadita de sal y un poco de pimienta negra.
4. Cortamos la cebolla en rodajas finas y el ajo en cuadraditos pequeños.
5. Sofreímos los ajos y la rama de romero en una sartén con un poco de aceite. Cuando estén dorados agregamos la cebolla y la otra cucharadita de sal y dejamos que se dore un poco. Añadimos la harina, mezclamos y dejamos que se cocine 1 minuto. Retiramos la rama de romero y volcamos en la olla.
6. Con un poco más de aceite muy caliente salteamos los riñones en varias tandas. Volcamos en la olla.
7. Por último echamos el vasito de jerez en la sartén caliente para que recoja los jugos de la carne. Dejamos que se evapore el alcohol y se reduzca el líquido a la mitad. Volcamos en la olla.
8. Programamos 3 horas en alta.

Ingredientes

1 ñora

3 tomates grandes maduros

1 pimiento rojo pequeño

1 cebolla

1 cabeza de ajos

80 g de almendras crudas

50 g de avellanas crudas

1 rebanada de pan (unos 20 g)

200 ml de aceite de oliva virgen extra

50 ml de vinagre de manzana

2 cucharaditas de sal

Salsa romesco

Raciones: **8 personas** Cocción: **8:00** ▼ Región: **Cataluña**

Preparación

1. Remojamos la ñora en agua caliente para que se hidrate.
2. Ponemos en la olla los tomates y el pimiento enteros, la cebolla sin pelar y la cabeza de ajos entera. Programamos 8 horas en baja.
3. Cuando acabe la cocción freímos en una sartén el pan, las avellanas y las almendras con 50 mililitros de aceite. Cuando estén listos, pasamos a un mortero o al vaso de la batidora.
4. Sacamos las verduras de la olla, las pelamos y limpiamos y las ponemos junto con el pan, las avellanas y las almendras. Si las verduras han soltado jugo al pelarlas o en la olla, no lo añadiremos.
5. Eliminamos las pepitas de la ñora, separamos la carne de la piel y la agregamos con los demás ingredientes.
6. Añadimos el resto del aceite, el vinagre y la sal y majamos o trituramos todo junto.

¿Sabías que...?

La salsa romesco es muy típica de la provincia de Tarragona. Se sirve con vegetales, carnes y pescados, pero su uso más tradicional es el de mojar en ella los *calçots* a la brasa en las calçotadas.

Sopa de tomate extremeña

Raciones: **6 personas** Cocción: **8:10** ▲ Región: **Extremadura**

Ingredientes

1 cebolla
2 pimientos verdes italianos
2 kg de tomates
4 dientes de ajo
Aceite de oliva virgen extra
1 cucharadita de sal
1 cucharadita de comino
1 cucharadita de orégano
2 hojas de laurel
1 l de agua o caldo
6 huevos (opcional)
2 barras de pan del día anterior (unos 400 g)

Preparación

1. Cortamos la cebolla y el pimiento en daditos menudos.
2. Escaldamos y pelamos los tomates. Los apretamos para sacar las pepitas y los picamos en daditos.
3. Machacamos los ajos con el prensador de ajos o los picamos en un mortero.
4. Ponemos las verduras en la olla con un poco de aceite de oliva y la sal. Agregamos el comino, las hojas de laurel y el orégano, así como el agua o caldo, y programamos 8 horas en alta.
5. Probamos y rectificamos de sal. Si hemos usado agua en lugar de caldo es posible que necesitemos un poco más de sal.
6. Opcionalmente, podemos servir la sopa con un huevo pochado en cada ración. Para ello, con la olla aún encendida, cascamos y añadimos un huevo crudo por comensal. Los dispondremos con cuidado cerca de los bordes de la olla, bien separados para que no se mezclen. Podemos ayudarnos de un cucharón de servir para colocarlos en su sitio. Programamos 10 minutos más en alta para que se escalfen.
7. Cortamos el pan en rodajas y colocamos en el fondo de los platos y servimos la sopa encima. Dejamos reposar unos minutos para que el pan absorba el caldo y servimos caliente.

Sopa castellana o de ajo

Raciones: **6 personas** Cocción: **14:00** ▲ Región: **Castilla y León**

Ingredientes para el caldo de huesos

½ gallina
2 huesos de jamón
3 huesos frescos de rodilla
1 rama de apio
1 puerro
5 granos de pimienta negra
1 hoja de laurel
2 zanahorias
3 l de agua

Ingredientes para la sopa castellana

2 l de caldo
3 cucharadas de aceite de oliva virgen extra
6 ajos
1 cucharada de pimentón de la Vera dulce
1 barra de pan cortada en rodajas (200 g)
3 huevos
100 g de jamón en taquitos menudos

Preparación

1. Ponemos los huesos, la gallina, el puerro partido en 3 partes, las zanahorias peladas y cortadas en trozos, la ramita de apio, la pimienta y la hoja de laurel en la olla. Cubrimos con el agua. Si en nuestra olla no cabe toda el agua, cubriremos los ingredientes dejando 3 dedos hasta el borde superior. Programamos 12 horas en alta.
2. Pasado este tiempo, colamos, filtramos y desgrasamos el caldo. Probamos y rectificamos de sal o agregamos agua si está muy concentrado. Ya tenemos el caldo de huesos, para aprovechar en esta receta o en cualquier otra.
3. Echamos el caldo (aproximadamente 2 litros) en la olla.
4. En una sartén ponemos el aceite y los dientes de ajo cortados en rodajas. Cuando estén dorados, añadimos el pimentón y echamos el pan en rodajas. Removemos y dejamos que se impregne un poco y se tueste, pero con cuidado de que no se queme. Volcamos sobre el caldo.
5. Removemos con cuidado el pan y el caldo y programamos 2 horas en alta.
6. Pasado el tiempo, batimos los huevos ligeramente con un tenedor, sin que la yema y la clara se mezclen mucho.
7. Hacemos un hueco por un lateral del pan y por él agregamos los huevos al caldo (para que pasen por debajo del pan). Por el mismo hueco echamos los tacos de jamón. Removemos un poco con una cuchara para que el huevo se mezcle con la sopa y se cocine con el calor residual, formando hilos.

Poema a las sopas de ajo

Siete virtudes tienen las sopas
quitan el hambre y dan sed poca.
Hacen dormir y digerir.
Nunca enfadan, siempre agradan.
Y crían la cara colorada.

Ricardo de la Vega

Sopa mallorquina

Raciones: **6 personas** | Cocción: **8:00** ▼ | Región: **Baleares**

Ingredientes

- 2 dientes de ajo
- 2 cebolletas
- ½ manojo de acelgas (600 g)
- 1 pimiento verde morrón
- 200 g de setas
- ¼ de repollo (300 g)
- 2 tomates
- 1 butifarrón negro (200 g)
- 250 g de panceta adobada
- Aceite de oliva virgen extra
- 100 g de guisantes
- 1 cucharada de pimentón de la Vera dulce
- 2 cucharaditas de sal
- 1 l de agua
- 200 g de pan moreno de payés

Preparación

1. Cortamos los ajos, las cebolletas, las acelgas, el pimiento, las setas y el repollo en rodajas finas. Los tomates los escaldamos, los pelamos y los cortamos en cuadraditos pequeños.
2. Cortamos el butifarrón en rodajas y la panceta en tiras y los rehogamos en una sartén. Cuando estén listos, los ponemos en la olla, dejando en la sartén la grasa que hayan soltado.
3. Sofreímos con esa grasa el ajo, el pimiento y la cebolleta. Cuando hayan cogido un poco de color, añadimos el tomate en dados y dejamos pochar un poco. Echamos en la olla.
4. Agregamos a la olla el repollo, los guisantes, las setas y las acelgas. Ponemos la sal y el pimentón. Echamos el agua y programamos 8 horas en baja.
5. Mientras, cortamos el pan de payés en rodajas muy finas y lo doramos unos minutos en el horno para que se seque. No debe quedar muy tostado.
6. En una fuente baja colocamos la mitad del guiso de verduras, luego las rodajas de pan y el resto del guiso encima. Dejamos reposar unos minutos para que el pan absorba el caldo y servimos.

¿Sabías que...?

La sopa mallorquina es un plato que se hace con verduras de temporada, por lo que los ingredientes pueden variar. A veces se les pone espinaca, brócoli, judías verdes o alcachofas.

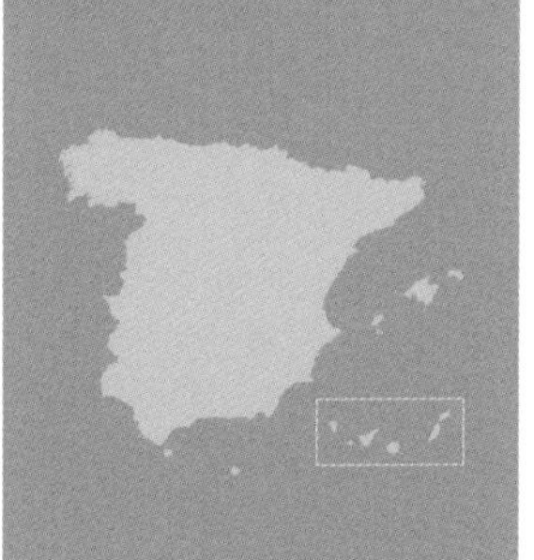

Torreznos

Raciones: **4 personas (tapa)** Cocción: **4:00** ▲ Región: **España**

Ingredientes

500 g de papada de cerdo adobada (torrezno crudo)

1 l de aceite de oliva

Preparación

1. Limpiamos la papada del exceso de adobo y nos aseguramos de que la piel no tenga pelos. Podemos eliminarlos con un soplete o con una maquinilla de afeitar.
2. Cortamos la papada en trozos de 1 centímetro de grosor.
3. Colocamos los trozos en la olla y cubrimos con el aceite. Programamos 4 horas en alta.
4. Sacamos los torreznos del aceite y escurrimos bien en un papel absorbente antes de servirlos.
5. Para agregar un dorado extra a la corteza, podemos darles un golpe de grill justo antes de servirlos. Para ello ponemos el grill del horno a 200 °C y gratinamos 4 minutos por el lado de la piel. También puede agregarse ese toque crujiente pasándolos un momento por la freidora a máxima potencia.

Ingredientes

800 g de zanahorias
3 cucharaditas de orégano seco
2 cucharaditas de comino molido
1 cucharadita de pimentón de la Vera picante
1 cucharadita de sal
150 ml de vinagre de sidra
2 cucharadas de agua
3 dientes de ajo
100 ml de aceite de oliva virgen extra

Zanahorias aliñás gaditanas

Raciones: **4 personas (tapa)** Cocción: **3:00** ▲ Región: **Andalucía**

Preparación

1. Pelamos y cortamos las zanahorias en rodajas finas, de no más de un centímetro de grosor.
2. Ponemos en la olla todos los ingredientes menos el ajo y el aceite. Mezclamos y programamos 3 horas en alta.
3. Pasamos a un recipiente y agregamos los ajos, machacados con un prensador de ajos o en un mortero, y el aceite. Mezclamos, tapamos y dejamos macerando en la nevera 24 horas.
4. Servimos frío, como encurtido, para acompañar a unas bebidas frescas.

Truco

Si no te gusta el picante, reemplaza el pimentón picante por dulce y reduce la cantidad de ajo. Y si te gustan un poco más ácidas, puedes agregar un chorrito extra de vinagre una vez finalizada la cocción.

Platos principales

”

*Comida de aldeanos,
sin manteles pero mucho y sano*

Ajo colorao

Raciones: **6 personas** | Cocción: **4:30** ▲ | Región: **Murcia**

Ingredientes

1,5 kg de patatas

5 ñoras o pimientos rojos secos

2 tomates maduros

1,5 l de agua

2 cucharaditas de sal

1 kg de raya

4 dientes de ajo

2 cucharadas de pimentón de la Vera agridulce

1 pellizco de azafrán

1 cucharadita de cominos

Aceite de oliva virgen extra

3 huevos duros

Preparación

1. Ponemos en la olla las patatas peladas y chascadas, las ñoras y los tomates pelados y cortados en trocitos con el agua y la sal. Programamos 3 horas en alta.
2. Pasadas las 3 horas colocamos los trozos de pescado en la olla y dejamos cocer 1 hora más en alta.
3. Sacamos de la olla las ñoras, quitamos las pepitas y separamos la carne de la piel. Ponemos la carne de la ñora en un mortero con los ajos, el pimentón, el azafrán y los cominos. Machacamos bien.
4. Sacamos el pescado de la olla, retiramos las espinas y desmigamos en hebras con los dedos.
5. Con las patatas de la olla hacemos un puré. Primero sacamos con un cazo la mayor parte del caldo y lo reservamos. Usamos un prensador de patatas para machacar las patatas de la olla, y vamos agregando caldo hasta obtener la textura que queremos: un puré un poco tosco.
6. Añadimos el majado, un chorrito de aceite de oliva y el pescado desmigado. Removemos y rectificamos de sal. Cocemos 30 minutos más en alta.
7. Servimos decorado con un huevo duro cortado en cuartos, en rodajas o picado.

¿Sabías que...?

Existen muchas variantes de este plato en el territorio español, como el atascaburras manchego, el rinrán en Murcia y Jaén o el ajobacalao en Andalucía, pero para estas elaboraciones se usan otros pescados, como bacalao o atún, o varían ligeramente los ingredientes.

Albóndigas en salsa

Raciones: **4 personas** | Cocción: **8:00** ▾ | Región: **España**

Ingredientes

3 rodajas (60 g) de pan duro
70 ml de leche
3 dientes de ajo
2 ramitas de perejil
350 g de ternera picada
150 g de cerdo picado
1 huevo
Sal
½ cucharadita de canela
1 pizca de pimienta negra molida
Aceite de oliva virgen extra
3 cebollas
2 zanahorias
1 cucharada de harina
2 hojas de laurel
1 vasito de vino blanco (150 ml)
Arroz blanco como guarnición

Preparación

1. Remojamos el pan en la leche.
2. Picamos finamente el ajo y el perejil y los ponemos en un cuenco junto con la carne, el pan remojado y escurrido, el huevo, media cucharadita de sal, la canela, la pimienta y el laurel. Mezclamos bien y dejamos reposar unos minutos en la nevera.
3. Cortamos las cebollas en aros y las zanahorias en rodajas finas.
4. Rehogamos la verdura en una sartén con un poco de aceite. Agregamos 1 cucharada de harina, mezclamos y dejamos que se cocine 1 minuto. Por último, añadimos el vasito de vino y dejamos que se evapore un poco. Volcamos a la olla.
5. Vamos dando forma a las albóndigas. Las pasamos por la sartén con 1 cucharada de aceite para darles color dorado y evitar que se peguen.
6. Colocamos con cuidado las albóndigas encima de la verdura, agregamos las hojas de laurel, tapamos y programamos 8 horas en baja.
7. Pasado este tiempo, reservamos la carne, batimos o pasamos por un pasapurés la salsa y bañamos con ella las albóndigas para llevar a la mesa.
8. Servimos acompañadas de arroz blanco.

¿Sabías que...?

La palabra albóndiga viene de la palabra árabe *búnduqah* (بندقه), que significa avellana y, por extensión, bolita pequeña o perdigón. *Al-búnduqah* significa, pues, «la bolita». Parece claro que desde que heredamos el término en la Edad Media, el tamaño de las bolitas de carne ha crecido a medida que mejoraba nuestro nivel de vida.

Ingredientes

4 cebollas

2 dientes de ajo

2 cucharaditas de sal

50 ml de aceite de oliva virgen extra

Pimienta negra molida

1 vasito (150 ml) de vino blanco

50 ml de vinagre de Jerez

1 hoja de laurel

700 g de atún fresco, cortado en tacos de 2 cm

Atún encebollado

Raciones: **4 personas** | Cocción: **4:10** ▲ | Región: **Andalucía**

Preparación

1. Cortamos la cebolla en juliana fina y los ajos en rodajas. Los colocamos en la olla y sazonamos con la sal, el aceite y un poco de pimienta molida.
2. Reducimos en un cazo el vino blanco y el vinagre hasta la mitad de su volumen y echamos en la olla. Agregamos el laurel y mezclamos todo bien.
3. Programamos 4 horas en alta.
4. Pasado este tiempo, colocamos en la olla el bonito, previamente salpimentado y programamos 10 minutos más en alta.
5. Podemos comerlo enseguida o reservarlo para tomarlo frío, pero en cualquier caso es importante que lo saquemos rápido de la olla para evitar que el pescado se siga cocinando con el calor de la olla.

Bacalao a la vizcaína

Raciones: **4 personas** Cocción: **4:50** ▲ Región: **País Vasco**

Ingredientes

- 4 tajadas de bacalao salado
- 2 cucharadas de aceite de oliva virgen extra
- 3 pimientos choriceros
- 2 cebollas moradas de Zalla
- ½ pimiento rojo morrón
- 3 dientes de ajo
- 2 tomates
- 1 cucharadita de sal
- 1 rodaja (20 g) de pan duro

Preparación

1. Desalamos el bacalao poniéndolo en remojo durante 48 horas y cambiando el agua 3 veces al día.
2. Encendemos la olla y ponemos el aceite. Remojamos los pimientos choriceros en un cuenco con agua.
3. Cortamos las cebollas, el pimiento y los ajos en rodajas. Escaldamos los tomates, los pelamos, los apretamos para sacarles las pepitas y los cortamos en cuadraditos. Echamos toda la verdura en la olla y agregamos la cucharadita de sal. Programamos 4 horas en alta.
4. Sacamos la carne de los pimientos choriceros.
5. Retiramos las verduras de la olla y las batimos junto con los pimientos choriceros y el pan duro. Pasamos por el chino para que la salsa quede bien fina y la devolvemos a la olla. Programamos 30 minutos más en alta.
6. Cuando la salsa esté bien caliente, con la olla aún encendida en alta, ponemos las tajadas de bacalao dentro de la salsa. Programamos 20 minutos más.
7. Pasado este tiempo sacamos el pescado inmediatamente para que no siga cocinándose y lo servimos.

Bonito con tomate

Raciones: **4 personas** | Cocción: **4:10** ▲ | Región: **Asturias**

Ingredientes

1 pimiento verde italiano
1 cebolla
1 diente de ajo
1 kg de tomate triturado
2 cucharaditas de sal
1 cucharadita de azúcar
2 cucharadas de aceite de oliva virgen extra
1 pizca de pimienta negra recién molida
500 g de bonito fresco, cortado en tacos de 2 cm

Preparación

1. Cortamos el pimiento y la cebolla en juliana y el ajo en daditos menudos. Volcamos en la olla.
2. Colamos el tomate para quitar el exceso de líquido. Echamos a la olla el tomate triturado, la sal, el azúcar, el aceite y la pimienta. Programamos 4 horas en alta.
3. Pasado el tiempo colocamos en la olla el bonito, ya salpimentado, y programamos 10 minutos más en alta.
4. Lo sacamos de la olla inmediatamente para evitar que el pescado se siga cocinando con el calor de la cerámica. Servimos caliente o templado.

Ingredientes

400 g de judías secas del Ganxet

1,3 l de agua

2 cebollas

1 zanahoria

1 puerro

Sal

1 hoja de laurel

600 g de butifarras frescas de payés

50 ml de aceite de oliva virgen extra

1 manojo de perejil fresco

Botifarra amb mongetes

Raciones: **4 personas** Cocción: **5:00** ▲ **+ 3:00** ▼ Región: **Cataluña**

Preparación

1. Ponemos en remojo las alubias al menos 12 horas en agua blanda. Si el agua de nuestra zona no es blanda o si no sabemos si lo es, es mejor usar agua embotellada, tanto para el remojo como para cocer las alubias.
2. Cocemos las alubias en la olla con el agua, 1 cebolla cortada por la mitad, la zanahoria en trozos y 1 puerro también en trozos. Agregamos 1 cucharada de sal y una hoja de laurel y programamos 5 horas en alta.
3. Pasado el tiempo, probamos que la legumbre esté hecha, retiramos la cebolla, la zanahoria y el puerro, colamos las judías y las devolvemos a la olla sin líquido.
4. Picamos 1 cebolla muy fina y la rehogamos en el aceite hasta que esté blanda. Volcamos en la olla.
5. Pinchamos la butifarra y pasamos por la sartén a fuego fuerte hasta que quede bien dorada. También podemos hacerla a la brasa si disponemos de una barbacoa. Colocamos en la olla junto las judías. Programamos 3 horas en baja.
6. Servimos las *mongetes* junto con la butifarra y decoramos con un poco de perejil recién picado.

Caldereta de cordero

Raciones: **4 personas** Cocción: **6:00 ▼ + 0:30 ▲** Región: **Extremadura**

Ingredientes

6 dientes de ajo

2 cebollas grandes

1 pimiento morrón

Aceite de oliva virgen extra

Sal

1 vaso de vino blanco seco

1,5 kg de cordero en trozos

1 hígado de cordero

500 ml de agua

2 ramas de romero

½ cucharadita de orégano

1 cucharada de pimentón de la Vera dulce

20 almendras

1 rebanada de pan

Preparación

1. Cortamos los ajos en rodajas y las cebollas y el pimiento en trozos.
2. Sofreímos los ajos, la cebolla y el pimiento rojo troceado en un poco de aceite. Salamos y, cuando empiece a pocharse, añadimos el vino y dejamos reducir. Echamos en la olla.
3. Doramos los trozos de cordero salpimentado junto con el hígado en una sartén. Echamos el cordero en la olla y reservamos el hígado en la nevera.
4. Agregamos el medio litro de agua, echamos el romero, el orégano y el pimentón y programamos 6 horas en baja.
5. Cuando vaya a acabar el tiempo, freímos ligeramente las almendras y la rodaja de pan en una sartén y batimos ambas cosas con la batidora junto con el hígado que habíamos reservado. Podemos añadir un poco del caldo de la caldereta para batirlo mejor. Vertemos el majado en la olla, rectificamos de sal y programamos media hora más en alta, con el recipiente un poco destapado.
6. Servir caliente y acompañar de patatas fritas como guarnición.

¿Sabías que...?

Las calderetas de cordero pueden encontrarse en muchos sitios de España, en particular en los que ha existido pastoreo o trashumancia. Son platos humildes, con pocos ingredientes y de elaboración sencilla.

La caldereta extremeña tiene la particularidad de que se hace tradicionalmente con cordero merino, que es propio de la zona.

Ingredientes

1 kg de callos limpios y troceados

100 ml de vinagre

500 g de morro de vaca troceado

500 g de pata de vaca deshuesada y troceada

100 ml de tomate triturado

1 cebolla

6 clavos

2 hojas de laurel

1 punta de jamón

½ cabeza de ajos cortada en horizontal

2 chorizos curados

2 morcillas curadas

1 l de agua

1 cucharada de pimentón de la Vera picante

Pimienta molida

2 cucharadas de harina

Callos a la madrileña

Raciones: **6 personas** | Cocción: **9:00** ▼ | Región: **Madrid**

Preparación

1. Aunque hoy en día los callos suelen comercializarse limpios y blanqueados, para eliminar cualquier resto y evitar malos olores no es mala idea lavarlos bajo el chorro de agua, darles un hervor de 5 minutos en un cazo aparte con agua y un poco de vinagre y enjuagarlos otra vez con agua corriente.
2. Cortamos la cebolla en dos mitades y pinchamos 3 clavos de olor en cada mitad.
3. Colocamos en la olla los callos, el morro, la pata, el tomate triturado, las medias cebollas, el laurel, la punta de jamón, la media cabeza de ajos, los chorizos, las morcillas y el litro de agua. Programamos 8 horas en baja.
4. Pasadas las 8 horas probamos que los callos estén tiernos. Sacamos la cebolla y la cabeza de ajos y reservamos. Sacamos también los chorizos y las morcillas y reservamos. Sacamos la punta de jamón y la desechamos. Desgrasamos la superficie de los callos eliminando toda la grasa del chorizo y la morcilla que nos sea posible.
5. Cortamos el chorizo y la morcilla en rodajas y devolvemos a la olla.
6. Retiramos los clavos de las medias cebollas y las colocamos en el vaso de la batidora. Sacamos los ajos estofados de la cabeza de ajos y también los colocamos en el vaso.
7. Agregamos al vaso el pimentón, la pimienta y la harina. Añadimos un poco del caldo de los callos y trituramos bien con la batidora. Devolvemos al guiso. Programamos 1 hora más en baja.
8. Servimos bien calientes en cazuelas de barro.

Ingredientes

1 cebolla

1 tomate

Aceite de oliva virgen extra

1 rama de romero fresco

800 g de carrilleras de cerdo ibérico en trozos

2 cucharaditas de sal

1 pizca de pimienta negra molida

1 cucharada de vinagre de Jerez

300 g de setas

6 dientes de ajo

50 g de almendras

1 cucharadita de pimentón

3 rodajas (60 g) de pan duro

1 vasito (150 ml) de vino de Jerez

Carrilleras a la granadina

Raciones: **4 personas** Cocción: **7:00** ▼ Región: **Andalucía**

Preparación

1. Cortamos las carrilleras en dados de 2 centímetros.
2. Cortamos la cebolla en cuadraditos. Escaldamos, pelamos y cortamos el tomate en dados del mismo tamaño que la cebolla. Las setas pueden echarse enteras si no son muy grandes o partidas en trozos de bocado.
3. Ponemos en una sartén, con 1 cucharada de aceite, la rama de romero fresco y los trozos de carne salpimentados con 1 cucharadita de sal y 1 pizca de pimienta. Cuando la carne esté un poco dorada, retiramos la rama de tomillo y echamos en la olla.
4. Sofreímos en la misma sartén, agregando otra cucharada de aceite, la cebolla y 1 cucharadita de sal. Cuando esté ligeramente pochado, añadimos el tomate y rehogamos un poco. Echamos el vino y dejamos que reduzca y se evapore el alcohol. Pasamos todo a la olla.
5. Agregamos a la olla las setas, mezclamos y programamos 6 horas en baja.
6. Pasado el tiempo, freímos en una sartén con un poco de aceite los ajos pelados pero enteros y las almendras y, cuando estén dorados, los escurrimos y los volcamos al vaso de la batidora.
7. En el mismo aceite, echamos el pimentón e inmediatamente ponemos las rodajas de pan para que se doren un poco. Añadimos el tomate al vaso de la batidora. Echamos el vinagre y un poco de caldo del guiso y batimos con la batidora.
8. Echamos en la olla, mezclamos bien y programamos 1 hora más en baja.

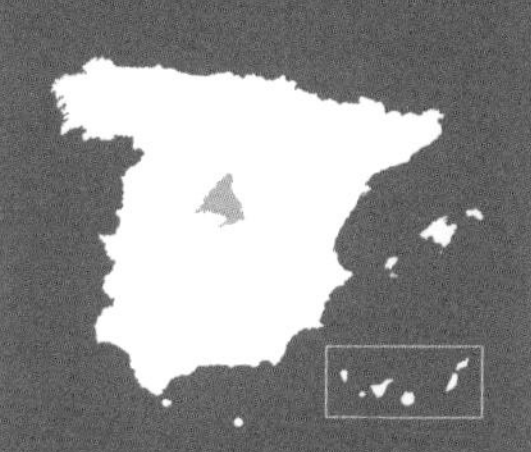

Ingredientes

500 g de garbanzos
1 hueso fresco de rodilla
1 hueso fresco de costilla
1 hueso de jamón
1 hueso salado
¼ de gallina
1 punta de jamón
1 trozo de tocino salado
1 puerro
1 ramita de apio
½ repollo pequeño
3 zanahorias
3 patatas
2 nabos
500 g de morcillo
1 chorizo de guisar
1 morcilla de guisar
1 trozo de tocino fresco
2 dientes de ajo
150 g de fideos finos

Cocido madrileño

Raciones: **6 personas** | Cocción: **22:00** ▲ | Región: **Madrid**

Preparación

1. Ponemos los garbanzos a remojar en un cuenco con agua blanda. Si el agua de nuestra zona no es blanda o si no sabemos si lo es, mejor usar agua embotellada, tanto para el remojo como para cocer los garbanzos.
2. Al mismo tiempo que dejamos los garbanzos en remojo, colocamos en la olla los huesos, la gallina, la punta de jamón, el tocino salado, el puerro en tres trozos y la ramita de apio. Cubrimos de agua y encendemos la olla en alta, 10 o 12 horas.
3. Una vez los garbanzos remojados y hecho el caldo, lo colamos y retiramos los restos. Reservamos la gallina y la punta de jamón para la sopa.
4. Volvemos a poner el caldo en la olla, junto a los garbanzos (si es posible, en una red), las verduras peladas y cortadas en trozos (repollo, zanahoria, patatas y nabos), el morcillo, el chorizo, la morcilla y el tocino fresco. Ponemos más agua si es necesario. Programamos 10 horas en alta.
5. Sacamos de la olla el cocido y separamos por vuelcos: las carnes (morcillo, tocino, chorizo y morcilla) se ponen en una bandeja, agregándoles un poco de caldo para que no se sequen; los garbanzos y las verduras en otra fuente; y el caldo para la sopa, reservado. El repollo lo separamos y lo rehogamos en una sartén aparte con los dos dientes de ajo cortados en rodajitas. Una vez rehogado, lo ponemos en la fuente de la verdura.
6. Desgrasamos el caldo y agregamos la carne de la gallina y de la punta de jamón, previamente desmigadas con los dedos para que forme hilos. Añadimos los fideos y cocemos según las indicaciones del fabricante. Echamos también un par de cucharadas de los garbanzos.

Presentación

El cocido madrileño se sirve de la siguiente manera: como primer plato se sirve la sopa y a continuación se lleva a la mesa la fuente de las carnes y la de las verduras para que cada comensal se sirva a su gusto.

Ingredientes

400 g de alubias blancas
1 manojo de berza (unos 500 g)
1 cebolla
3 dientes de ajo
50 ml de aceite de oliva virgen extra
2 cucharaditas de pimentón de la Vera dulce
1 cucharadita de comino
1 morcilla curada de guisar
2 chorizos curados de guisar
1 hueso de codillo
1 hueso de jamón
300 g de costilla de cerdo adobada
1 oreja de cerdo
100 g de panceta fresca
100 g de tocino ibérico
500 g de patatas
2 l de agua
1 morcilla de arroz

Cocido montañés

Raciones: **6 personas** | Cocción: **8:00** ▼ | Región: **Cantabria**

Preparación

1. Ponemos a remojar las alubias al menos 8 horas antes de empezar a cocinar.
2. Limpiamos la berza, descartamos los tallos y las partes más fibrosas y cortamos las hojas en tiras de 2 centímetros. Echamos en la olla. Si quisiésemos suavizar el sabor de la berza podríamos blanquearla, es decir, ponerla 2 minutos en agua limpia hirviendo antes de pasarla a la olla.
3. Cortamos la cebolla en daditos y el ajo en cuadraditos menudos.
4. Sofreímos en una sartén con el aceite los ajos hasta que estén dorados y luego agregamos el pimentón, el comino y, por último, la cebolla. Dejamos que se dore un poco la cebolla y volcamos a la olla.
5. Colocamos en la olla todos los ingredientes, salvo la morcilla de arroz, en el siguiente orden: sobre la verdura y el sofrito las alubias y las patatas, después las carnes, los huesos y las chacinas. Cubrimos con el agua. Programamos 8 horas en baja. Durante los últimos 10 minutos añadimos la morcilla de arroz.
6. Pasado este tiempo comprobamos que la legumbre esté bien hecha y rectificamos de sal.
7. Sacamos las carnes de la olla, descartamos los huesos y cortamos los embutidos, la oreja y las costillas en trozos.
8. Desgrasamos el caldo y devolvemos las carnes cortadas a la olla.
9. Es recomendable dejar reposar el guiso antes de servirlo. Está mejor de un día para otro.

Conejo en salmorejo

Raciones: **6 personas** · Cocción: **6:00** ▼ · Región: **Canarias**

Ingredientes

- 1 pimienta picona
- 1 cabeza de ajos
- 40 g de sal gorda
- 1 cucharadita de pimentón de la Vera dulce
- 1 pizca de pimienta negra molida
- 50 ml de vinagre
- 100 ml de aceite de oliva virgen extra
- 2 conejos cortados en trozos grandes (aproximadamente 2,4 kg)
- 1 rama de tomillo fresco
- 1 rama de romero fresco
- 2 hojas de laurel
- ½ vasito de vino (75 ml)

Preparación

1. Ponemos a remojar la pimienta picona en agua 1 hora. Después, sacamos la carne.
2. Echamos en el vaso de la batidora los ajos pelados, la sal gorda, la carne de pimienta picona, el pimentón de la Vera, la pimienta negra, el vinagre y el aceite. Añadimos el hígado de los conejos y lo batimos todo.
3. Ponemos el conejo en la olla cerámica y añadimos el tomillo y el romero picados y las hojas de laurel. Agregamos el majado, removemos bien, tapamos la olla con film y lo dejamos macerar en la nevera durante 12 horas.
4. Al día siguiente, sacamos las tajadas de conejo de la olla, las escurrimos un poco de la marinada y las pasamos por una sartén para dorarlas ligeramente. Una vez doradas, las devolvemos a la olla con la marinada.
5. Echamos el vino en la sartén y removemos hasta que se evapore el alcohol y recoja los jugos del conejo y los restos de marinada. Vertemos en la olla. Programamos 6 horas en baja.

Costillas ibéricas con patatas

Raciones: **6 personas** Cocción: **4:00** ▲ Región: **Extremadura**

Ingredientes

2 kg de patatas

1 cucharadita de sal

1 cebolla en rodajas

Aceite de oliva virgen extra

1,5 kg de costillas ibéricas adobadas

1 ramillete de hierbas al gusto (yo uso laurel, salvia, tomillo y romero)

1 cucharada de pimentón de la Vera dulce

1 cucharadita de comino molido

½ cabeza de ajos cortada por la mitad

1,3 l de agua

Preparación

1. Pelamos, lavamos y cortamos las patatas en trozos de bocado, arrancando los trozos para que suelten el almidón, y las ponemos en la olla. Añadimos la sal.
2. Sofreímos la cebolla en una sartén aparte con un poco de aceite y la volcamos en la olla.
3. Ponemos las costillas en la olla sobre las patatas, sazonamos con las especias, las hierbas y la media cabeza de ajos. Echamos el agua justa para cubrir las patatas y programamos 4 horas en alta.
4. Abrimos, comprobamos el punto de las patatas y desgrasamos la superficie del caldo si lo deseamos.
5. Sacamos los ajos de la media cabeza y los ponemos en el vaso de la batidora. Agregamos también las especias más tiernas del ramillete (hojas de salvia, hojas de romero sin tallo...) y 4 o 5 trozos de patata. Batimos y devolvemos al guiso.
6. Rectificamos de sal y de especias.

Ingredientes

- 4 cebollas
- 6 cucharadas de azúcar
- 3 puñaditos de pasas
- 2 cucharadas de canela
- 400 g de garbanzos
- 1 pierna de cordero recental (1,5 kg aprox.) deshuesada y cortada en trozos y su hueso
- Agua
- 1 rodaja de calabaza (200 g)
- 1 calabacín
- 3 zanahorias
- 2 nabos
- ¼ de col
- Sal
- Aceite de oliva virgen extra
- 3 cucharadas de *ras al hanout*
- 1 cucharada de comino
- 1 cucharadita de pimienta negra molida
- 2 pizcas de cúrcuma o azafrán
- *Harissa*
- Cilantro fresco en un ramillete
- 500 g de cuscús rápido
- 100 g de almendras crudas

Cuscús de cordero

Raciones: **8 personas** Cocción: **5:00** ▲ + **8:00** ▼ Región: **Melilla**

Preparación

1. Preparamos la salsa dulce y la dejamos reposar 3 días en la nevera: cortamos 3 cebollas en rodajas y las mezclamos bien con 1 cucharada de canela, las pasas y el azúcar. Programamos 8 horas en alta. Removemos un par de veces durante ese tiempo. La cebolla se reducirá a la mitad y se convertirá en una pasta marrón.
2. Remojamos los garbanzos 12 horas en agua blanda. Los colocamos en la olla junto con el hueso de cordero y cubrimos con el agua blanda.
3. Programamos 5 horas en alta. Pasado este tiempo, retiramos el hueso.
4. Añadimos a la olla las verduras (calabaza con piel, calabacín con piel, zanahorias, nabos y col) cortadas en trozos grandes y largos. Pelamos una cebolla y la ponemos en dos mitades. Añadimos 1 cucharada de sal.
5. Doramos la carne de cordero en una sartén con un poco de aceite. Agregamos a la carne las especias (*ras al hanout*, comino, pimienta, cúrcuma, 1 cucharada de canela y un poco de *harissa* si nos gusta el picante) y rehogamos 1 minuto más en la sartén. Pasamos a la olla, mezclamos con la verdura y los garbanzos con cuidado y agregamos más agua si es necesario.
6. Ponemos encima el ramillete de cilantro y programamos 8 horas en baja.
7. Pasado el tiempo probamos el punto de los garbanzos y rectificamos de sal. Separamos el guiso del caldo y lo reservamos. Desechamos la cebolla y el ramillete de cilantro.
8. Separamos 600 mililitros de caldo para preparar el cuscús rápido. Lo hacemos según las instrucciones del paquete, probamos de sal y condimentamos con aceite de oliva.
9. Freímos las almendras con un poco de aceite hasta que estén doradas.
10. Servimos el cuscús en una fuente, junto con el guiso de verduras, carne y garbanzos. El caldo lo serviremos en un cuenco aparte y en otro, la salsa dulce decorada con las almendras fritas por encima. Ponemos también más *harissa* en un plato aparte para que cada comensal se sirva como prefiera.

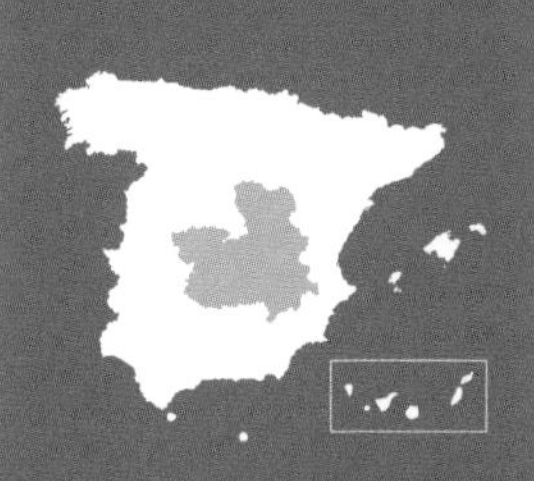

Duelos y quebrantos

Raciones: **6 personas** Cocción: **3:30 ▲** Región: **Castilla-La Mancha**

Ingredientes

300 g de panceta ibérica adobada

300 g de jamón ibérico poco curado

300 g de chorizo ibérico curado

4 sesos de cordero

6 huevos

Preparación

1. Cortamos la panceta y el jamón en bastones; el chorizo, en rodajas y los sesos, en trocitos. Colocamos en la olla y programamos 3 horas en alta.
2. Sacamos, escurrimos el exceso de grasa y devolvemos a la olla.
3. Batimos los huevos. Echamos en la olla caliente sobre los embutidos, revolvemos bien, tapamos y programamos 15 minutos en alta.
4. Removemos bien, comprobamos si está el revuelto cuajado a nuestro gusto y, si no, dejamos más tiempo, en periodos de 5 minutos. Volvemos a remover, comprobamos de nuevo el punto y repetimos. Tiene que quedar jugoso.
5. Servir el revuelto inmediatamente acompañado de pan tostado.

La cita

Esta receta es famosa por aparecer en la segunda frase del *Quijote*:

«En un lugar de la Mancha, de cuyo nombre no quiero acordarme, no ha mucho tiempo que vivía un hidalgo de los de lanza en astillero, adarga antigua, rocín flaco y galgo corredor. Una olla de algo más vaca que carnero, salpicón las más noches, duelos y quebrantos los sábados, lentejas los viernes, algún palomino de añadidura los domingos, consumían las tres partes de su hacienda.»

Miguel de Cervantes

Escudella i carn d'olla

Raciones: **6 personas** Cocción: **22:00** ▲ Región: **Cataluña**

Ingredientes

300 g de garbanzos
¼ de gallina
1 pollo en cuartos
2 huesos frescos de espinazo
2 huesos frescos de rodilla
1 hueso de jamón
1 pie de cerdo
½ careta de cerdo
2 puerros
1 cebolla
4 clavos de olor
3 dientes de ajo
1 ramita de apio
3 rebanadas de pan (60 g)
Leche (50 ml)
150 g de cerdo picado
150 g de ternera picada
150 g de tocino picado
1 huevo
1 manojo de perejil
1 cucharadita de sal
1 zanahoria
1 chirivía
1 nabo pelado
1 patata
½ repollo pequeño
1 hoja de laurel
340 g de morcillo de ternera
1 butifarra negra (200 g)
1 butifarra blanca (200 g)
200 g de fideos o *galets*

Preparación

1. Remojamos los garbanzos con agua blanda al menos 12 horas.
2. Ponemos en la olla la gallina, el pollo, todos los huesos, el pie y la careta de cerdo, los puerros en tres trozos, la cebolla en mitades y con los clavos pinchados, 2 de los ajos pelados y golpeados y la ramita de apio. Echamos 1 cucharada de sal, cubrimos de agua y programamos la olla en alta 12 horas.
3. Una vez que tenemos el caldo hecho y los garbanzos remojados, colamos el caldo y retiramos los restos. Separamos el pollo, deshuesamos y reservamos. Desechamos el resto.
4. Preparamos el relleno, llamado *pilota*. Remojamos el pan con la leche y lo escurrimos. Agregamos un ajo prensado, el perejil muy picado y las carnes y el tocino picados. Añadimos 1 cucharadita de sal y 1 huevo. Mezclamos, separamos en dos partes y les damos forma alargada, como de pepino.
5. Volvemos a poner el caldo en la olla, junto a los garbanzos (si es posible, en una red), las verduras peladas y cortadas en trozos grandes (zanahoria, chirivía, nabo, patata, repollo), la hoja de laurel y el morcillo y las butifarras enteras. Encima, colocamos cuidadosamente las *pilotes*. Añadimos agua hasta rellenar la olla. Programamos 10 horas en alta.
6. Sacamos de la olla las verduras, los garbanzos y la carne. Las carnes las troceamos y la *pilota* la cortamos en rodajas gruesas. Colocamos todo en una fuente junto al pollo reservado, agregando un poco de caldo para que no se seque.
7. Desgrasamos el caldo para la sopa y cocemos en él los fideos o los *galets* según las indicaciones del fabricante.
8. Servimos primero la sopa o *escudella* y después las carnes y las verduras.

¿Sabías que...?

La *escudella* hecha con *galets* grandes es un plato típico en las celebraciones y comidas de Navidad en Cataluña.

Fabada asturiana

Raciones: **6 personas** Cocción: **5:00** ▲ Región: **Asturias**

Ingredientes

600 g de *fabes* asturianas

200 g de lacón curado

2 chorizos curados asturianos (200 g)

2 morcillas curadas asturianas (200 g)

300 g de tocino

1,5 l de agua

Un pellizco de azafrán

Preparación

1. La noche anterior ponemos a remojar las *fabes* y el lacón, si es posible en agua blanda. Si el agua de nuestra zona no es blanda o si no sabemos si lo es, mejor usar agua embotellada, tanto para el remojo como para cocer las alubias.
2. Colocamos las *fabes* en la olla con el compango (chorizo, morcilla, lacón y tocino) y el azafrán. Cubrimos con un litro y medio de agua fría. Programamos 5 horas en alta.
3. Una vez finalizada la cocción, probamos que las legumbres estén tiernas. Si aún les faltase un poco, las dejamos de media hora en media hora hasta que lo estén. Una vez listas, dejamos reposar unas horas más con la olla apagada, para que espesen (mejor de un día para otro).
4. Cortamos el compango en trozos y servimos junto con las *fabes*.

¿Sabías que...?

La faba asturiana es un producto con indicación geográfica protegida. Faba es la forma singular de llamarla, pero el plural es *fabes*, no fabas.

Gazpachos manchegos

Raciones: **4 personas** | Cocción: **5:00 ▼ + 1:00 ▲** | Región: **Castilla-La Mancha**

Ingredientes

6 dientes de ajo

2 cebollas

2 tomates

Aceite de oliva virgen extra

1 cucharadita de sal

100 g de setas (níscalos, champiñones o cualquier otra variedad)

80 g de jamón serrano cortado en daditos

2 o 3 hojas de laurel

1,2 kg de carne de ave y caza troceada. Por ejemplo:

½ conejo

1 perdiz

1 cuarto trasero de pollo

Pimienta negra molida

400 ml de agua

100 g de tortas cenceñas y 4 tortas más para servir

Preparación

1. Cortamos los ajos en láminas, la cebolla en dados y los tomates, previamente escaldados y pelados, también en dados.
2. En una sartén sofreímos los ajos cortados en láminas en un poco de aceite hasta que estén dorados. Echamos la cebolla y 1 cucharadita de sal y salteamos hasta que se dore. Agregamos las setas, pochamos y, por último, añadimos el tomate y dejamos que se evapore un poco. Ponemos en la olla.
3. Añadimos a la olla el jamón cortado en daditos y el laurel.
4. En la misma sartén doramos la carne ya salpimentada. Echamos en la olla.
5. Cubrimos con el agua. Programamos 5 horas en baja.
6. Sacamos las carnes de la olla, echamos las tortas rotas en trocitos y ponemos 1 hora más en alta.
7. Mientras el guiso sigue cocinándose, esperamos a que las carnes se enfríen un poco, las deshuesamos, troceamos y agregamos otra vez a la olla.
8. Pasado el tiempo probamos y rectificamos de sal. Debe quedar ligeramente caldoso, pero denso, sin ser una sopa.
9. Colocamos en el plato de cada comensal una torta cenceña más y servimos el guiso encima.

¿Sabías que...?

Se dice que de los gazpachos se come hasta el plato y la cuchara, ya que tradicionalmente se servían sobre una torta y se comía el guiso usando trozos de la misma.

Este guiso también aparece en el *Quijote* con el nombre de «galianos».

Judiones de La Granja

Raciones: **6 personas** Cocción: **10:00** ▾ Región: **Castilla y León**

Ingredientes

500 g de judiones de La Granja

1 cebolla

3 cucharadas de aceite de oliva virgen extra

1 cucharada de harina

1 oreja de cerdo

1 codillo de cerdo fresco

1 chorizo de Cantimpalos (unos 100 g)

1 morcilla curada de guisar (unos 100 g)

1 trozo de panceta adobada (unos 100 g)

1 hueso de jamón

1 hoja de laurel

½ cabeza de ajos cortada en horizontal

2 cucharaditas de sal

1 l de agua

Preparación

1. Ponemos los judiones en remojo con agua blanda al menos 24 horas antes. Si el agua de nuestra zona no es blanda o si no sabemos si lo es, mejor usar agua embotellada, tanto para el remojo como para cocer los judiones.
2. Cortamos la cebolla en cuadraditos menudos.
3. Rehogamos en una sartén la cebolla con 1 cucharada de aceite. Cuando esté pochada, agregamos la harina, removemos y dejamos cocinar 1 minuto.
4. Se colocan todos los ingredientes salvo el aceite en la olla, se cubren con agua y se programan 10 horas en baja.
5. Pasado el tiempo probamos el punto de la legumbre y se rectifica de sal. Retiramos el hueso de jamón y la cabeza de ajos y reservamos esta última.
6. Picamos en un mortero o con la batidora 5 o 6 judiones con algo de caldo, 2 cucharadas de aceite de oliva crudo y 4 medios ajos asados de la cabeza de ajos. Devolvemos a la olla y mezclamos moviendo el recipiente, sin usar una cuchara, que podría romper la legumbre.

Lacón con grelos

Raciones: **6 personas** | Cocción: **8:00** ▼ | Región: **Galicia**

Ingredientes

1 minilacón curado (1,5 kg)

2 chorizos ahumados gallegos (200 g)

3 patatas gallegas

1 trozo de unto (30 g)

1 cucharadita de pimentón de la Vera agridulce

Agua

2 manojos de grelos (1 kg)

Aceite de oliva virgen extra

Preparación

1. Es importante asegurarnos de que el lacón cabe en la olla. Si no es así o tenemos dudas, es mejor pedir en la carnicería que lo corten en 2 o 3 trozos. Así también será más fácil desalarlo.
2. Ponemos a desalar el lacón unas 48 horas antes y vamos cambiando el agua con frecuencia.
3. Pelamos las patatas y las dejamos enteras.
4. Colocamos en la olla el lacón, los chorizos enteros, las patatas, el unto y el pimentón. Ponemos agua hasta cubrir el lacón y programamos 7:30 horas en baja.
5. Pasado el tiempo, nos aseguramos de que el lacón esté tierno (tiene que estar blando al pincharlo y tiene que desprenderse del hueso) y las patatas cocidas. Si no estuviese aún tierno, iremos probando cada media hora hasta que lo esté. Sacamos el unto y lo desechamos.
6. Limpiamos los grelos, descartamos los tallos y las partes más fibrosas y los cortamos en trozos. Los grelos son ligeramente amargos: si quisiésemos eliminar parte del amargor, podríamos blanquearlos, es decir, ponerlos en agua limpia hirviendo y dejar que cuezan durante 1 minuto, antes de pasarlos a la olla.
7. Ponemos en la olla los grelos y programamos 30 minutos más en baja para que se cocinen.
8. Servimos en una fuente la carne del lacón, las patatas y los chorizos troceados y los grelos, todo bien caliente. Regamos con un chorrito de aceite de oliva.

Truco

El caldo del guiso podemos emplearlo para hacer una sopa o para dar sabor a un guiso. ¡Es muy sabroso!

Ingredientes

300 ml de Pedro Ximénez

1 cebolla

1 zanahoria

40 g de almendras crudas

40 g de avellanas tostadas

1 cucharadita de sal

1 pizca de pimienta negra recién molida

½ cabeza de ajos cortada en horizontal

1 hoja de laurel

1 lengua de ternera de aproximadamente 1,5 kg

Lengua en salsa

Raciones: **4 personas** | Cocción: **8:00** ▼ | Región: **España**

Preparación

1. Ponemos en un cazo a calentar el Pedro Ximénez para que reduzca, hasta que se quede en la mitad de su volumen (unos 150 ml).
2. Cortamos la cebolla y la zanahoria en rodajas, y las ponemos en la olla, junto con las almendras y las avellanas. Agregamos la sal, la pimienta, la media cabeza de ajos cortada en horizontal y el laurel.
3. Colocamos la lengua entera y sin pelar encima de la verdura. Regamos con la reducción de Pedro Ximénez. Programamos 8 horas en baja.
4. Al final de la cocción la lengua y la verdura habrán soltado mucho jugo. Sacamos la lengua y la colocamos en una tabla de cortar. Sacamos también la media cabeza de ajos. Retiramos la hoja de laurel. Dejamos que reposen 10 minutos.
5. Pelamos la lengua (la piel se desprenderá fácilmente) y la cortamos en rodajas de 1 centímetro de ancho.
6. Sacamos los dientes de ajo asados y los echamos a la salsa. Pasamos la salsa con la batidora y después con un pasapuré, para que quede bien fina. Probamos y rectificamos de sal.
7. Servimos la lengua en rodajas y la salsa en una salsera aparte. Como sale mucha salsa, la que sobre puede aprovecharse para otra elaboración.

Lentejas de la abuela

Raciones: **4 personas** Cocción: **8:00** ▾ Región: **Castilla y León**

Ingredientes

- 1 cebolleta
- 1 pimiento verde italiano pequeño
- 1 zanahoria
- 1 patata grande
- 300 g de lentejas pardinas
- 1 hoja de laurel
- 2 cucharaditas de pimentón de la Vera dulce
- 1 cucharadita de comino en polvo
- 1 cucharadita de sal
- 1 hueso de jamón (opcional)
- 1,2 l de agua
- ½ cabeza de ajos cortada en horizontal
- 1 chorizo ahumado de guisar, estilo asturiano (100 g)
- 1 morcilla curada de guisar
- Aceite de oliva virgen extra

Preparación

1. Pelamos y cortamos la cebolleta, el pimiento, la zanahoria y la patata en dados del mismo tamaño y lo echamos todo en la olla.
2. Colocamos el resto de los ingredientes en la olla, salvo la media cabeza de ajos, la morcilla, el chorizo y el aceite. Las lentejas se ponen sin remojar. Si usamos un hueso de jamón, no pondremos sal.
3. Echamos los 1,2 litros de agua, preferiblemente blanda, y removemos para mezclar los ingredientes. Colocamos la morcilla, el chorizo y la media cabeza de ajos en la parte de arriba de la olla y programamos 8 horas en baja.
4. Acabado el guiso retiramos el hueso de jamón si lo hemos puesto y el laurel. Cortamos el chorizo y la morcilla en rodajas y lo devolvemos al guiso. Probamos y rectificamos de sal.
5. Retiramos la media cabeza de ajos estofada, sacamos los ajos y los ponemos en el vaso de la batidora junto con unas cuantas lentejas y un buen chorro de aceite de oliva crudo. Batimos y devolvemos al guiso. Esto mejora el sabor y la consistencia de las lentejas.

Truco

Las lentejas espesan bastante con el reposo. Si nos gustan las lentejas más líquidas debemos tomarlas inmediatamente. Si nos gustan un poco trabadas es preferible dejarlas reposar unas horas, para que espesen.

Marmitako

Raciones: **6 personas** · Cocción: **8:00** ▾ · Región: **País Vasco**

Ingredientes

- 2 cebollas
- 3 pimientos verdes morrones
- 3 tomates
- 1,2 kg de patatas
- 4 cucharadas de aceite de oliva virgen extra
- 1 cucharada de sal
- 1 vasito de vino blanco (unos 150 ml)
- 1 cucharadita de pimentón de la Vera dulce
- 1 guindilla o cayena
- 2 hojas de laurel
- ½ cabeza de ajos cortada en horizontal
- 1 pimiento choricero
- 700 ml de agua
- 800 g de bonito en tacos

Preparación

1. Cortamos la cebolla y el pimiento verde en cuadrados. Escaldamos, pelamos y cortamos los tomates en dados. Pelamos, lavamos y cortamos las patatas en tacos de bocado, arrancando los trozos para que suelten el almidón.
2. Sofreímos en una sartén con 2 cucharadas de aceite la cebolla y el pimiento verde con la sal. Pasamos a la olla.
3. En la misma sartén, con otras 2 cucharadas de aceite, sofreímos los trozos de tomate hasta que evaporen parte de su caldo. Volcamos a la olla.
4. Ponemos en la misma sartén el vaso de vino, dejamos que reduzca un poco y echamos en la olla.
5. Agregamos a la olla las patatas chascadas, el pimentón, la cayena, las hojas de laurel, la media cabeza de ajos y el pimiento choricero. Cubrimos con el agua y programamos 8 horas en baja.
6. Una vez acabado el tiempo, apartamos en un plato el pimiento choricero y la media cabeza de ajos. Dejamos que se templen, raspamos la carne de pimiento choricero con el lateral de una cuchara, sacamos dos medios ajos asados de la cabeza y lo colocamos en el vaso de la batidora.
7. Añadimos al vaso de batidora 4 o 5 patatas y un poco de caldo del guiso. Batimos, devolvemos a la olla y ponemos también el bonito. El pescado se acabará de hacer con el calor residual de la olla recién apagada.
8. Dejamos reposar 10 minutos y servimos.

Ingredientes

- 1 l de agua
- 2 cucharaditas de sal
- 1 puerro
- 1 zanahoria
- 1 hoja de laurel
- 1 cabracho de 1,2 kg
- 4 huevos L
- 200 ml de nata
- 5 cucharadas de tomate frito
- 1 pizca de pimienta molida
- 1 pizca de nuez moscada
- 1 cucharada de mantequilla
- Pan rallado
- Mayonesa y pan para servir

Pastel de cabracho

Raciones: **4 personas** Cocción: **4:00** ▲ Región: **País Vasco**

Preparación

1. Ponemos en la olla 1 litro de agua, 1 cucharadita de sal, el puerro en trozos grandes, la zanahoria pelada y cortada en trozos grandes y 1 hoja de laurel. Colocamos el pescado y programamos 2 horas en alta.
2. Sacamos el pescado y dejamos que se enfríe. Podemos aprovechar el caldo para otra elaboración.
3. Una vez templado, separamos con cuidado la carne de las espinas y la piel y la desmenuzamos con los dedos. Obtendremos unos 400 g de carne de pescado limpia.
4. Precalentamos la olla en alta.
5. Mezclamos los huevos, la nata y el tomate frito y batimos. Echamos 1 cucharadita de sal, pimienta y nuez moscada, así como la carne del pescado desmenuzada y mezclamos con un tenedor.
6. Untamos con mantequilla un molde alargado que quepa en la olla. Espolvoreamos pan rallado en el interior y vertemos la mezcla.
7. Ponemos el molde en la olla precalentada y programamos 2 horas más en alta.
8. Para comprobar si está bien hecho, pinchamos con un cuchillo o con una brocheta, hasta que salga limpio.
9. Desmoldamos y servimos en rodajas acompañado de mayonesa y pan, preferiblemente tostado.

Historia

El pastel de cabracho no es un plato estrictamente tradicional. Su autoría se atribuye a Juan Mari Arzak en la década de los 70. El cocinero llegó a la receta intentando sofisticar los sabores clásicos del pastel de pescado, que suele hacerse con merluza y otros pescados blancos.

Ingredientes

900 g de patatas

2 cucharaditas de sal

1 pizca de pimienta negra molida

2 huevos

Harina

Aceite

1 cebolla

2 dientes de ajo

1 pizca de azafrán

1 manojo de perejil fresco

600 ml de caldo de pollo

Patatas a la importancia

Raciones: **4 personas** | Cocción: **6:00** ▾ | Región: **Aragón**

Preparación

1. Pelamos las patatas y las cortamos en rodajas de aproximadamente 1 centímetro de grosor.
2. Las sazonamos con 1 cucharadita de sal y un poco de pimienta negra molida. Las removemos para que se impregnen bien.
3. Colocamos en el fuego una sartén con abundante aceite.
4. Rebozamos las patatas: las pasamos por harina y luego por huevo. Las echamos por tandas en la sartén con el aceite muy caliente y dejamos que se doren por ambos lados. Las sacamos y las ponemos sobre papel absorbente.
5. Cortamos la cebolla en rodajas finas y los ajos en cuadraditos pequeños.
6. Doramos los ajos en una sartén con 1 cucharada de aceite (podemos usar el de haber frito las patatas). Cuando estén dorados, echamos la pizca de azafrán e inmediatamente la cebolla. Dejamos que se doren un poco y volcamos en la olla.
7. Colocamos encima las patatas rebozadas. Añadimos el perejil picado y el caldo de pollo. Programamos 6 horas en baja.
8. Pasado el tiempo, comprobamos que las patatas estén en su punto. Servimos bien calientes.

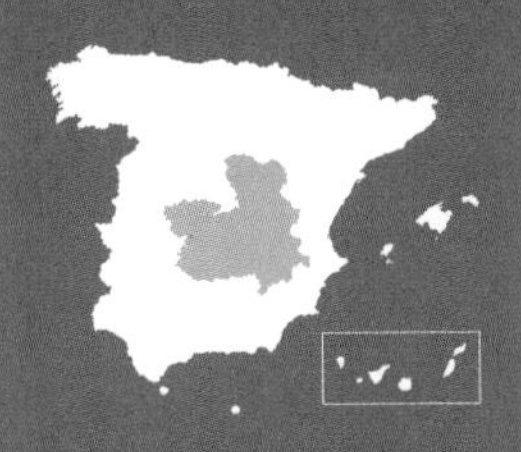

Perdices en escabeche

Raciones: **4 personas** Cocción: **4:00** ▾ Región: **Castilla-La Mancha**

Ingredientes

4 perdices
4 cebollas
3 zanahorias
Sal
2 cucharadas de aceite de oliva virgen extra
8 dientes de ajo
200 ml de vinagre de Jerez
2 vasitos de vino oloroso (Jerez, Montilla-Moriles...) (300 ml)
1 rama de tomillo
1 rama de romero
6 hojas de laurel
16 bayas de pimienta negra
Azúcar (opcional)

Preparación

1. Atamos los muslos de las perdices con un cordel para que salgan enteras después de la cocción.
2. Pelamos las cebollas y las zanahorias. Cortamos las cebollas en rodajas y las zanahorias en trozos. Les echamos 2 cucharaditas de sal.
3. Ponemos en una sartén el aceite y doramos los ajos enteros y sin pelar. Después, añadimos la cebolla y la zanahoria y rehogamos un poco más. Cuando estén pochadas, echamos el vino y el vinagre y dejamos reducir hasta que se evapore el alcohol y se reduzca el líquido aproximadamente a la mitad. Pasamos a la olla.
4. Salpimentamos y doramos las perdices en la misma sartén. Pasamos a la olla.
5. Ponemos las hierbas y las especias en la olla. Programamos 4 horas en baja.
6. Probamos y rectificamos la sazón. Si quedan muy ácidas, se les puede agregar un poco de azúcar. Guardamos en frío y dejamos reposar al menos cuatro días antes de servir.
7. El escabeche podemos servirlo caliente como plato de carne o frío, deshuesando las perdices y agregándolas a una ensalada.

Piquillos rellenos

Raciones: **4 personas** | Cocción: **6:00** ▼ | Región: **Navarra**

Ingredientes

- 2 cebollas
- 2 dientes de ajo
- 4 cucharadas de aceite de oliva virgen extra
- 2 cucharaditas de sal
- 2 cucharadas de harina
- 1 vasito de vino oloroso (Jerez, Montilla-Moriles...) (150 ml)
- 300 ml de tomate triturado
- 200 g de carne picada de ternera
- 100 g de carne picada de cerdo
- 1 pizca de pimienta negra molida
- 20 pimientos del piquillo de Lodosa
- 200 ml de nata líquida

Preparación

1. Cortamos la cebolla y el ajo en cuadraditos menudos.
2. Echamos la mitad del ajo en una sartén con 2 cucharadas de aceite de oliva. Cuando estén dorados, agregamos la mitad de la cebolla y 1 cucharadita de sal. Cuando empiece a pocharse, ponemos las 2 cucharadas de harina, removemos y dejamos cocer 1 minuto. Echamos el vino y dejamos reducir hasta que se evapore el alcohol. Volcamos en la olla.
3. Ponemos en la olla el tomate triturado y mezclamos.
4. Echamos en la misma sartén la otra mitad del ajo con las otras 2 cucharadas de aceite de oliva. Cuando estén dorados, agregamos la otra mitad de la cebolla con 1 cucharadita de sal. Cuando empiece a pocharse, añadimos la carne picada. Sazonamos con un poco de pimienta, mezclamos 1 minuto, agregamos la nata líquida y dejamos otro minuto más. Probamos y rectificamos de sal. Usaremos esta mezcla para rellenar los pimientos del piquillo.
5. Colocamos los pimientos cuidadosamente sobre la salsa y programamos 6 horas en baja.

Pollo a la moruna

Raciones: **6 personas** | Cocción: **5:00** ▼ | Región: **Ceuta**

Ingredientes

2 dientes de ajo

1 cebolla

1 tomate maduro

Aceite de oliva virgen extra

Sal

1 pizca de pimienta molida

1,5 kg de pollo troceado

1 cucharada de *ras al hanout*

1 cucharadita de azafrán

1 cucharadita de canela molida

1 ramita de perejil

30 g de pasas

70 g de aceitunas verdes y negras

12 ciruelas

75 g de almendras crudas

Preparación

1. Picamos los ajos y cortamos la cebolla en rodajas.
2. Escaldamos, pelamos y cortamos el tomate en cuadraditos menudos.
3. Sofreímos en una sartén el ajo en un poco de aceite hasta que se dore y luego añadimos la cebolla, salamos un poco y la pochamos. Pasamos a la olla.
4. Doramos en la misma sartén los trozos de pollo previamente salpimentados y los ponemos en la olla.
5. Agregamos las especias, el perejil picado, el tomate picado, las pasas, las aceitunas y las ciruelas. Programamos 5 horas en baja.
6. Aparte freímos en una sartén las almendras con un poco de aceite hasta que estén doradas y reservamos.
7. Servimos el pollo en una fuente, con las almendras fritas por encima.

Pollo al chilindrón

Raciones: **6 personas** Cocción: **5:00** ▾ Región: **Aragón**

Ingredientes

2 dientes de ajo
1 cebolla
1 pimiento rojo morrón
1 pimiento verde italiano
4 tomates maduros
150 g de jamón serrano
18 muslitos de pollo
Aceite de oliva virgen extra
Sal
Pimienta negra molida
2 cucharadas de harina
1 cucharadita de pimentón de la Vera dulce
2 hojas de laurel

Preparación

1. Cortamos el ajo en rodajas y la cebolla y los pimientos, en tiras. Escaldamos y pelamos los tomates y los cortamos en daditos.
2. Cortamos el jamón serrano en daditos.
3. Con un poco de aceite, doramos los muslitos previamente salpimentados en una sartén para que cojan color. Vertemos en la olla.
4. En la misma sartén ponemos los ajos y, cuando empiecen a dorarse, agregamos la cebolla y el pimiento. Dejamos que se poche un poco y entonces añadimos la harina, removemos, rehogamos 1 minuto y volcamos en la olla.
5. Echamos en la olla el tomate, los daditos de jamón serrano, el pimentón y las hojas de laurel. Tapamos y programamos 5 horas en baja.

Pollo en pepitoria

Raciones: **4 personas** · Cocción: **5:00 ▼** · Región: **España**

Ingredientes

- 4 cuartos traseros de pollo o 12 muslitos
- Sal
- Pimienta negra molida
- 3 dientes de ajo
- 1 cebolla
- 1 pellizco de azafrán en hebra
- 1 vasito de vino oloroso (Jerez, Montilla-Moriles...) (150 ml)
- 100 ml de caldo de pollo o de agua
- 2 hojas de laurel
- 1 ramita de perejil
- 2 huevos duros
- 25 g de almendras crudas fileteadas o troceadas
- 2 cucharadas de harina
- 25 g de almendras crudas enteras

Preparación

1. En una sartén rehogamos el pollo previamente salpimentado. Una vez dorado, lo ponemos en la olla.
2. Picamos los ajos bien finos y cortamos la cebolla en tiras finas. Picamos también el perejil.
3. En la misma sartén, doramos los ajos con el resto del aceite. Una vez dorados, incorporamos el azafrán, damos un par de vueltas y echamos la cebolla y un poco de sal. Una vez se poche un poco, añadimos el oloroso. Dejamos que reduzca y se evapore el alcohol. Echamos todo en la olla.
4. Agregamos el caldo o el agua, el laurel y el perejil a la olla. Tapamos y cocemos en baja 5 horas.
5. Cocemos los huevos 10 minutos para que queden duros. Enfriamos, pelamos los huevos duros y separamos las yemas de las claras. Reservamos las yemas para el majado y picamos las claras menudas.
6. Freímos las almendras fileteadas o troceadas en un poco de aceite. Reservamos.
7. Picamos en un mortero o batimos en el vaso de la batidora la harina, las almendras enteras y las yemas de huevo duro con un poco de caldo del guiso. Echamos a la olla cuando quede 1 hora para finalizar la cocción. Mezclamos muy bien.
8. Acabado el tiempo, rectificamos de sal y lo servimos adornado con la clara de huevo picada y las almendras fileteadas doradas.

Potaje de vigilia con «pelotas»

Raciones: **4 personas** | Cocción: **10:30** ▲ | Región: **Madrid**

Ingredientes

- 300 g de garbanzos
- 1 cebolla
- 1,2 l de agua
- 6 huevos
- 200 g de espinacas
- 5 dientes de ajo
- 7 rebanadas de pan de molde (unos 200 g)
- 1 pizca de azafrán
- 1 cucharadita y una pizca de sal
- 1 ramillete de perejil
- Aceite de oliva virgen extra
- 350 g de lomos de bacalao con piel al punto de sal (desalado)

Preparación

1. Ponemos los garbanzos en remojo en agua blanda, o embotellada si no es el caso, como mínimo 12 horas antes.
2. Cortamos la cebolla en cuadraditos pequeños. Colocamos en la olla, junto a los garbanzos remojados y el agua y programamos 10 horas en alta.
3. Mientras, preparamos el resto de los ingredientes. Hervimos 2 de los huevos en un cazo durante 10 minutos para hacerlos duros. Una vez fríos, picamos la clara y guardamos las yemas enteras.
4. Cortamos la espinacas en tiras y reservamos.
5. Cortamos los 5 dientes de ajo en cuadraditos menudos y los doramos en una sartén con un poco de aceite. Ponemos la mitad en un cuenco aparte y la otra mitad en un mortero o en el vaso de la batidora.
6. Añadimos aceite a la sartén y freímos 2 de las rebanadas de pan de molde, dorándolas por ambos lados. Pasamos al vaso de la batidora.
7. Agregamos al vaso de la batidora el azafrán, la cucharadita de sal y las yemas cocidas. Batimos todo junto y, si es necesario, nos ayudamos de un poco del agua de los garbanzos. Reservamos el majado.
8. En el cuenco en el que hemos dejado antes la mitad de los ajos dorados, colocamos las otras 5 rebanadas de pan de molde y las desmigamos con las manos. Echamos 4 huevos crudos, una pizca de sal y el perejil picado y mezclamos todo bien amasando con las manos hasta que quede una pasta.
9. En una sartén con abundante aceite muy caliente, vamos echando cucharadas de la mezcla anterior, para formar las «pelotas». Una vez doradas por fuera las sacamos y las ponemos sobre papel absorbente.
10. Una vez cocidos los garbanzos, echamos en la olla las espinacas cortadas, la clara de huevo picada y el majado. Mezclamos bien y colocamos el bacalao cortado en 4 trozos y las «pelotas» con cuidado para que todo quede dentro del caldo y programamos 30 minutos más en alta.

Rabo de toro a la cordobesa

Raciones: **4 personas** | Cocción: **8:00** ▾ | Región: **Andalucía**

Ingredientes

1 cebolla
3 dientes de ajo
3 zanahorias
1 pimiento morrón rojo
1 puerro
2 tomates maduros
Aceite de oliva virgen extra
2 cucharaditas de sal
Harina
1,5 kg de rabo de añojo
1 vasito de vino oloroso (Jerez, Montilla-Moriles...) (150 ml)
5 bayas de pimienta negra
2 clavos de olor
1 rama de romero
1 rama de tomillo

Preparación

1. Pelamos la cebolla, los ajos y las zanahorias. Cortamos en rodajas la cebolla, el pimiento verde, el puerro, los tomates, las zanahorias y los ajos.
2. Ponemos un poco de aceite de oliva en una sartén, echamos las verduras con la sal y salteamos un poco, hasta que empiecen a dorarse. Volcamos en la olla.
3. Enharinamos y doramos la carne ligeramente en la sartén con un poco más de aceite, para darle color. Colocamos en la olla junto con las verduras.
4. Echamos el vino a la sartén junto con la pimienta y los clavos. y dejamos que reduzca el líquido a la mitad. Regamos la carne con la reducción.
5. Colocamos las ramas de romero y de tomillo en la olla y programamos 8 horas en temperatura baja.
6. Pasado el tiempo, comprobamos si la carne está tierna y se desprende del hueso. Quitamos las ramas de tomillo y romero. Sacamos la carne y reservamos. Batimos la salsa con la batidora, rectificamos de sal y si la queremos aún más fina, la pasamos por un pasapurés.
7. Servimos las piezas de carne enteras o bien previamente deshuesadas y acompañadas por su salsa. Se puede acompañar con puré de patata si se desea.

Ingredientes

250 g de garbanzos
300 g de patatas
1 cebolla
1 tomate
4 dientes de ajo
2 cucharadas de aceite de oliva virgen extra
1 rama de tomillo
1 cucharadita de pimentón de la Vera dulce
1 pellizco de azafrán
1 hoja de laurel
1 cucharada de sal
250 g de morcillo
100 g de chorizo de guisar
1 cuarto trasero de pollo
2 l de agua
150 g de fideos gruesos

Rancho canario

Raciones: **8 personas** Cocción: **10:30** ▲ Región: **Canarias**

Preparación

1. Ponemos los garbanzos a remojar en agua blanda al menos 12 horas.
2. Pelamos, lavamos y cortamos las patatas en tacos de bocado, arrancando los trozos para que suelten el almidón.
3. Cortamos la cebolla y el tomate, previamente escaldado y pelado, en cuadraditos pequeños y picamos los dientes de ajos.
4. Ponemos en una sartén el aceite y, cuando esté caliente, agregamos la rama de tomillo y los ajos y dejamos que se doren. Una vez dorados, añadimos el pimentón y el azafrán, damos una vuelta en el aceite y echamos la cebolla enseguida. Dejamos que se dore un poco y añadimos el tomate. Damos una vuelta y agregamos a la olla.
5. Colocamos en la olla los garbanzos remojados, el laurel, la sal, las patatas chascadas, el morcillo, el chorizo y el pollo. Echamos el agua y programamos 10 horas en alta.
6. Pasado el tiempo abrimos la olla, comprobamos el punto de la legumbre, rectificamos de sal y desgrasamos la superficie del caldo.
7. Sacamos la carne de pollo y de morcillo y la desmigamos con unos tenedores, descartando el hueso y la piel. Si la queremos más fina, podemos picarla con un cuchillo. Devolvemos la carne a la olla. Por último, echamos los fideos y programamos 30 minutos más en alta.

Ingredientes

Restos de puchero: unos 200 g de garbanzos, 500 g de carne de guisar (morcillo de ternera, aguja de cerdo...) y 1 cuarto trasero de pollo, todo cocido

1 cebolla

½ pimiento verde o rojo morrón

2 dientes de ajo

1 tomate

Aceite de oliva virgen extra

1 rama de tomillo fresco

1 pizca de pimienta negra molida

1 pizca de clavos molidos

2 hojas de laurel

1 cucharadita de pimentón de la Vera dulce

1 vasito de vino blanco (150 ml)

Sal

1 kg de patatas

Ropa vieja

Raciones: **4 personas** Cocción: **3:00** ▲ Región: **Canarias**

Preparación

1. Este plato se hace tradicionalmente con restos de hacer caldo o puchero: garbanzos, carne y pollo ya cocidos. Si queremos hacerlo desde cero, remojamos los garbanzos durante 12 horas y ponemos la carne, los garbanzos y el pollo en la olla. Agregamos 1 cucharada de sal, cubrimos con 2 litros de agua y programamos 10 horas en alta. ¡No olvidemos guardar el caldo para futuras elaboraciones!
2. Retiramos huesos y piel y desmenuzamos la carne y el pollo con dos tenedores hasta que quede en hilos y la reservamos.
3. Picamos la cebolla y el pimiento en cuadraditos. Y picamos los ajos muy finos. Pelamos y cortamos el tomate en cuadraditos.
4. En una sartén, sofreímos con un poco de aceite los ajos, la cebolla picada y el pimiento troceado. Agregamos las hojitas de tomillo, la pimienta, el clavo, el laurel y el pimentón. Cuando empiece a pocharse, añadimos el vino y dejamos reducir. Echamos en la olla.
5. En la misma sartén y con un poco más de aceite sofreímos los daditos de tomate hasta que se pochen y pierdan parte del líquido. Echamos en la olla.
6. Por último, con un poco más de aceite salteamos los garbanzos reservados hasta que se doren un poco. Ponemos en la olla junto con las carnes desmigadas. Echamos 1 cucharadita de sal. Cocinamos 3 horas en alta.
7. Aparte, freímos las patatas peladas y cortadas en dados pequeños. Servimos la ropa vieja sobre las patatas fritas.

Ingredientes

1 kg de sepia limpia
3 cebollas
2 cucharadas de aceite
1 cucharadita de sal
1 pizca de pimienta negra molida
1 hoja de laurel
150 ml de tomate frito
4 sobrecitos de tinta (16 g)
40 g de pan rallado
Arroz blanco para acompañar

Sepia en su tinta

Raciones: **4 personas** Cocción: **6:00** ▼ Región: **Cantabria**

Preparación

1. Troceamos la sepia en trozos o en anillas, según nuestra preferencia.
2. Cortamos las cebollas en juliana fina. En una sartén con el aceite sofreímos ligeramente las cebollas con la sal hasta que se ablanden. Echamos en la olla.
3. Ponemos la sepia en la olla. Añadimos la pimienta y la hoja de laurel y programamos 5 horas en baja.
4. Pasado el tiempo agregamos el tomate frito, la tinta de calamar y el pan rallado. Tapamos y programamos 1 hora más en baja.
5. Probamos y rectificamos de sal. Servimos acompañado de arroz blanco.

Sopas de truchas de Órbigo

Raciones: **4 personas** Cocción: **3:00** ▲ Región: **Castilla y León**

Ingredientes

1 cebolla
2 hojas de laurel
1 cucharada de sal
1,5 l de agua
4 dientes de ajo
50 ml de aceite de oliva virgen extra
1 cucharada de pimentón de la Vera dulce
4 truchas de ración (de 200 a 250 g cada una)
1 pan de hogaza viejo de dos días (500 g)

Preparación

1. Pedimos en la pescadería que nos limpien las truchas de escamas y vísceras, les retiren la cabeza y la cola y las corten en 3 trozos cada una.
2. Ponemos en la olla la cebolla cortada en mitades, el laurel, la sal y el agua.
3. Cortamos los dientes de ajo en rodajas.
4. En una sartén calentamos el aceite y doramos ligeramente los ajos. Cuando estén dorados, agregamos el pimentón, le damos una vuelta y vertemos rápido en la olla para que no se queme. Programamos 3 horas en alta.
5. Pasado ese tiempo, echamos los trozos de truchas y dejamos reposar 10 minutos con la tapa cerrada, para que se hagan con el calor residual.
6. Mientras, cortamos el pan de hogaza en rodajas finas, las tostamos y las colocamos en platos de barro.
7. Sacamos los casquetes de cebolla y los desechamos. Sacamos las truchas y las reservamos. Vertemos la sopa sobre el pan en los platos y colocamos 3 trozos de trucha sobre cada ración.

Verdinas con almejas y langostinos

Raciones: **4 personas** Cocción: **2:00** ▲ + **8:00** ▼ Región: **Asturias**

Ingredientes

400 g de *fabes* verdinas
16 langostinos gigantes crudos (unos 650 g)
1 l de agua
400 g de almejas vivas
Sal
1 puerro
2 dientes de ajo
2 cucharadas de aceite de oliva virgen extra
1 cucharadita de pimentón de la Vera dulce
Un pellizco de azafrán

Preparación

1. Ponemos a remojar las verdinas la noche anterior.
2. Pelamos los langostinos y los reservamos guardados en la nevera. Doramos las pieles y las cabezas de los langostinos en una sartén para sacar los sabores y las echamos en la olla. Pisamos un poco las cabezas con un prensador de patatas o un cucharón, para que suelten sustancia, cubrimos con 1 litro de agua y ponemos 2 horas en alta.
3. Pasado el tiempo, colamos el caldo para retirar las carcasas, lo filtramos con un colador de tela o un filtro de café y lo reservamos. Aclaramos la olla con agua caliente para asegurarnos de que no queda ningún resto de langostino y volcamos en ella las verdinas remojadas y escurridas.
4. Lavamos las almejas y las ponemos en agua fría con un puñadito de sal, para que vayan soltando la arenilla. Las guardamos en la nevera.
5. Picamos el puerro y el ajo muy finos y los sofreímos con 1 cucharada de aceite en una sartén. Cuando empiecen a dorarse damos unas vueltas y echamos en la olla sobre las verdinas.
6. Agregamos a la olla el pimentón y el azafrán. Removemos y cubrimos bien con el caldo de marisco, uno o dos dedos por encima: si faltase líquido podemos agregar agua. Programamos 8 horas en baja.
7. Pasado el tiempo, comprobamos que la legumbre esté tierna. Apagamos la olla pero la dejamos tapada.
8. En una sartén bien caliente, ponemos 1 cucharada de aceite de oliva y marcamos los langostinos pelados por ambos lados. Colocamos en la olla.
9. En la misma sartén, ponemos las almejas bien escurridas a fuego fuerte y las tapamos para que se hagan al vapor. En cuanto se hayan abierto, las echamos en la olla, junto con su jugo. Tapamos y dejamos reposar en la olla caliente 10 minutos.
10. Sacamos de la olla para que no se sigan cociendo. Se puede servir inmediatamente, aunque este guiso mejora con el reposo.

Postres

”

En mayo, leche y miel
hacen al niño doncel

Arroz con leche

Raciones: **8 personas** | Cocción: **2:30** ▲ | Región: **Asturias**

Ingredientes

1,5 l de leche entera

1 rama de canela

La piel de ½ limón, sin nada de parte blanca

La piel de ½ naranja, sin nada de parte blanca

225 g de arroz redondo

2 cucharaditas de mantequilla en pomada (20 g)

200 g de azúcar

1 pellizco de sal

1 chupito de anís (30 ml) (opcional)

Canela molida para decorar

Preparación

1. Ponemos la leche con la canela y las pieles para que se infusionen. Programamos 1:30 horas en alta.
2. Mezclamos el arroz con la mantequilla para que se impregne bien y lo añadimos a la leche. Removemos durante 2 minutos y programamos 1 hora más en alta.
3. Comprobamos que el arroz esté blando. Añadimos el azúcar y la sal y removemos de nuevo. Opcionalmente, y si no van a tomarlo los niños, podemos agregar un chupito de anís.
4. Refrigeramos y servimos en cuencos individuales. Podemos adornar con canela molida antes de llevar a la mesa.

Cabello de ángel

Cocción: **5:00 ▲ + 6:00 ▼** Región: **España**

Ingredientes

1 calabaza cidra (o de cabello de ángel)

Agua

Azúcar blanco (calcularemos la cantidad según el peso de la calabaza limpia)

1 rama de canela

La piel de ½ limón, sin nada de parte blanca

Preparación

1. Partimos la calabaza en trozos. Como la piel es muy dura, es posible que sea necesario tirarla contra el suelo.
2. Ponemos los trozos de calabaza con piel y pepitas en la olla. Cubrimos con agua y programamos 5 horas en alta.
3. Pasado ese tiempo sacamos los trozos de calabaza. Esperamos a que se enfríen lo suficiente como para manipularlos. Separamos toda la pulpa de la piel ayudándonos con un tenedor, eliminamos las pepitas y frotamos con las manos para separar bien las hebras.
4. Colocamos la pulpa en un colador para que suelte toda el agua posible, apretándola si es necesario contra el mismo para ayudar a eliminar el líquido.
5. Pesamos la pulpa y la colocamos en la olla. Le agregamos su peso en azúcar y mezclamos bien. Ponemos la piel de limón y la canela. Programamos 6 horas en temperatura baja.
6. Pasado el tiempo, comprobamos que la textura sea la correcta. Si la viésemos muy líquida, podemos dejar la tapa un poco abierta y programar 1 o 2 horas más para evaporar el exceso de líquido.
7. Guardamos el cabello de ángel en botes esterilizados.
8. Tradicionalmente se usa para rellenar hojaldres, torteles, empanadas o buñuelos. También podemos tomarlo como cualquier otro dulce o mermelada, con pan, yogur o platos salados.

Truco

La calidad del cabello de ángel mejora si dejamos reposar la calabaza unos meses. Estas calabazas se recogen en verano: olvídate de ella en algún sitio fresco y seco durante al menos 6 meses y verás qué delicia.

Dulce de membrillo

Raciones: **6 personas** | Cocción: **7:00** ▲ | Región: **Andalucía**

Ingredientes

3 membrillos maduros (1 kg)

Azúcar blanco (calcularemos la cantidad según el peso del membrillo limpio)

El zumo de ½ limón

1 rama de canela

Preparación

1. Pelamos los membrillos, los descorazonamos y los cortamos en cubos de aproximadamente 2 centímetros.
2. Pesamos los trozos de membrillo y reservamos el mismo peso de azúcar que hayamos pesado de membrillo.
3. Colocamos los membrillos en la olla y regamos con el zumo de limón. Agregamos el azúcar y la rama de canela y programamos la olla 5 horas en alta.
4. Una vez transcurrido el tiempo, comprobamos que la fruta esté blanda y haya adquirido un tono marrón rojizo. Podemos triturarla con la batidora dentro de la misma olla. Si nos gusta una textura más fina, podemos emplear un pasapurés.
5. Hay que tener en cuenta que el membrillo espesa mucho al refrigerarse. Para comprobar si la consistencia está a nuestro gusto, colocamos 1 cucharada del puré en un platito y lo metemos al congelador unos minutos. Si nos gusta cómo queda, damos por terminada la cocción. Si lo queremos más sólido, seguiremos cociéndolo en la olla con la tapa cruzada (el lado ancho sobre la zona estrecha) para que salga el vapor por los costados, sin que se pierda del todo el calor. Programamos entre 1 y 2 horas más en alta hasta que logremos la textura deseada.
6. Vertemos en moldes o en tarteras y dejamos enfriar en la nevera.

Truco

El dulce de membrillo se sirve tradicionalmente con queso. Hay gente que lo toma con queso fresco pero, en mi opinión, no hay nada que mejor le vaya que un buen queso curado.

Dado su alto contenido en azúcar, este dulce se conserva muy bien. Guardado en tarteras cerradas o bien tapado con film, podemos tenerlo en la nevera entre 4 y 6 meses.

Flan de huevo

Raciones: **4 personas** | Cocción: **2:00** ▲ | Región: **España**

Ingredientes para el caramelo

50 g de azúcar
2 cucharaditas de agua
½ cucharadita de zumo de limón

Ingredientes para el flan

1 vaina de vainilla
500 ml de leche entera
4 huevos L
2 yemas de huevo L
130 g de azúcar

Preparación

1. Antes de empezar, nos aseguraremos de que el molde de flan que vayamos a usar quepa en la olla.
2. Hervimos agua y la vertemos en la olla, hasta llenar ⅓ de su altura.
3. Preparamos el caramelo en una sartén pequeña. Ponemos en ella todos los ingredientes al fuego y no la movemos hasta que se empiece a formar caramelo por los bordes. En ese momento, movemos la sartén hasta que el tono se iguale. Hay que tener cuidado de que no se queme o el caramelo quedará amargo.
4. Retiramos el caramelo del fuego y lo echamos en el molde. Esta operación debemos hacerla rápidamente, antes de que el caramelo solidifique, y con mucho cuidado, ya que estará muy caliente y podemos quemarnos.
5. Con un cuchillo, raspamos las semillas de la vaina de vainilla y las echamos en la leche. Agregamos los huevos, las yemas y el azúcar y batimos con una varilla. Vertemos la mezcla, a través de un colador, en el molde caramelizado.
6. Colocamos con cuidado el molde dentro de la olla sin quemarnos con el agua. Antes de ponerle la tapa, la cubrimos con un paño limpio, estirado.
7. Programamos 2 horas en alta. Para comprobar si el flan está listo, lo pinchamos con un cuchillo. Si sale limpio está en su punto.
8. Refrigeramos de un día para otro, desmoldamos con cuidado ayudándonos con un cuchillo si fuese necesario y lo servimos.

Gachas reales

Raciones: **6 personas** Cocción: **1:30 ▲ + 0:30 ▼** Región: **Andalucía**

Ingredientes

1 l de leche entera
1 rama de canela
La piel de 1 limón, sin nada de parte blanca
60 g de harina de maíz
150 g de azúcar blanco
6 yemas de huevo L
Azúcar blanco para caramelizar

Preparación

1. Reservamos un poco de leche en un vasito. Ponemos en la olla el resto de la leche junto con la canela y la piel de limón, a ser posible entera, para aromatizarla. Programamos 1:30 horas en alta.
2. Retiramos la piel de limón y la canela. Agregamos la harina de maíz mezclada con la leche fría reservada. Añadimos el azúcar, removemos bien con la varilla y programamos 30 minutos más en baja.
3. Aparte, batimos las yemas de huevo.
4. Pasado el tiempo, abrimos la olla, comprobamos que la mezcla ha espesado bien, echamos las yemas de huevo y batimos bien con la varilla. Dejamos reposar con la olla apagada 10 minutos más y volvemos a remover bien.
5. Vertemos la mezcla en cuencos individuales y ponemos a enfriar.
6. Una vez bien frío, echamos media cucharada de azúcar sobre cada cuenco y lo caramelizamos con un soplete. Servimos en el plazo de unas horas, para que el caramelo no se reblandezca.

Ingredientes

3 huevos L

100 g de azúcar blanco

100 g de almendras crudas molidas

La ralladura de 1 limón pequeño

Azúcar glas para adornar

Gató de almendras

Raciones: **5 personas** Cocción: **1:00** ▲ Región: **Baleares**

Preparación

1. Engrasamos o forramos un molde o el fondo de la olla, y la encendemos en alta.
2. Separamos las yemas de las claras, montamos las claras y reservamos.
3. Batimos las yemas con el azúcar para que espumen, hasta que estén blancas.
4. Agregamos a las yemas la almendra y la ralladura de limón. Mezclamos bien y lo añadimos a las claras.
5. Removemos con cuidado, suavemente, para que las claras no bajen. Vertemos la preparación en el molde o en la olla. No olvidemos colocar un trapo de tela entre la olla y su tapa, para absorber la humedad y evitar la condensación. Ponemos 1 hora en alta o hasta que pinchándolo con un cuchillo veamos que sale limpio.
6. Dejamos enfriar y decoramos con azúcar glas usando un colador.

¿Sabías que...?

Este plato típico de las islas se sirve tradicionalmente acompañado de helado de almendras.

Melocotones al vino

Raciones: **3 personas** | Cocción: **2:00** ▲ | Región: **Aragón**

Ingredientes

3 melocotones de Calanda (unos 800 g)

400 ml de vino tinto joven de Cariñena

100 g de azúcar blanco

La piel de 1 naranja, sin nada de parte blanca

1 rama de canela

Preparación

1. Pelar y cortar los melocotones en cuartos.
2. En un cazo vertemos el vino, el azúcar, la piel de naranja y la rama de canela. Dejamos hervir hasta que el vino pierda el alcohol y se reduzca a la mitad (200 ml).
3. Ponemos los melocotones en la olla. Cubrimos con la reducción de vino y programamos 2 horas en alta.
4. Pasado el tiempo retiramos la naranja y la canela y repartimos los melocotones y la salsa en cuencos individuales. Refrigeramos durante unas horas.

Quesada pasiega

Raciones: **6 personas** | Cocción: **3:00** ▲ | Región: **Cantabria**

Ingredientes

3 huevos L
50 g de mantequilla fundida
175 g de azúcar blanco
La ralladura de 1 limón
1 pizca de sal
50 g de harina
500 g de requesón
1 cucharada de canela en polvo

Preparación

1. Engrasamos con mantequilla o forramos con papel de hornear el interior de la olla o un molde que quepa dentro de la misma. Encendemos la olla en alta para que se precaliente.
2. Mezclamos los huevos, la mantequilla fundida, el azúcar, la ralladura de limón y la sal. Agregamos poco a poco la harina, tamizándola con un colador, y removemos. Por último añadimos el requesón e incorporamos con un tenedor para que la textura no quede muy homogénea y se noten algunos grumos.
3. Vertemos la mezcla en el molde o en la olla; no debe alcanzar más de 4 centímetros de altura. Programamos 3 horas en temperatura alta.
4. Comprobamos que los laterales de la quesada estén bien dorados. La sacamos y espolvoreamos la cucharadita de canela a través de un colador para decorar toda la superficie.

Ingredientes para el caramelo

50 g de azúcar

2 cucharaditas de agua

½ cucharadita de zumo de limón

Ingredientes para el quesillo

4 huevos

300 ml de leche entera

300 ml de leche condensada (1 lata de 400 g)

1 cucharadita de esencia de vainilla

La ralladura de 2 limas

Quesillo canario

Raciones: **6 personas** | Cocción: **2:00** ▲ | Región: **Canarias**

Preparación

1. Antes de empezar, nos aseguraremos de que el molde que vamos a utilizar quepa en la olla, y la encendemos en alta. Echamos agua hirviendo hasta ¼ de la olla y tapamos.
2. Preparamos en un cazo o sartén el caramelo con el azúcar, el agua y el zumo de limón. Hay que poner todos los ingredientes a calentar a fuego lento y no mover la sartén hasta que se haya empezado a formar caramelo por los bordes. Después, movemos la sartén hasta que se forme un caramelo dorado. Debemos tener cuidado para que no se queme o amargará.
3. Vertemos en el molde y lo distribuimos por las paredes. Esta operación debemos hacerla rápidamente, antes de que el caramelo solidifique, y con mucho cuidado, ya que estará muy caliente y podemos quemarnos.
4. Batimos los huevos con la leche condensada, la leche entera y la vainilla. Agregamos la ralladura de una lima y mezclamos. Echamos en el molde.
5. Colocamos el molde en la olla precalentada, con cuidado de que no entre agua dentro. Colocamos un trapo absorbente sobre la olla, bien estirado, y luego ponemos la tapa por encima; así ayudamos a que se absorba la humedad y evitamos que gotee agua sobre el quesillo. Cocemos unas 2 horas en alta. Para asegurarnos de que está listo pinchamos con un cuchillo afilado o pincho hasta que salga limpio.
6. Sacamos de la olla y refrigeramos. Desmoldamos, rallamos la piel de la segunda lima sobre el quesillo y servimos.

Sopa de almendras

Raciones: **8 personas** | Cocción: **2:30** ▲ | Región: **Madrid**

Ingredientes

2 l de leche

La piel de 1 naranja, sin nada de parte blanca

La piel de 1 limón, sin nada de parte blanca

3 ramas de canela

800 g de pasta de almendras

1 *baguette*

Canela en polvo para servir

Preparación

1. Cuando saquemos las pieles de la naranja y del limón, intentaremos que queden lo más enteras posible.
2. Colocamos en la olla los 2 litros de leche, las pieles de naranja y de limón y las ramas de canela. Programamos 2 horas en alta para que infusionen.
3. Pasado el tiempo, retiramos las pieles y las ramas de canela y echamos la pasta de almendras desmenuzándola con los dedos. Batimos con la varilla para disolverla bien y que no queden grumos.
4. Cortamos la *baguette* en rebanadas finas y las colocamos en la superficie de la olla cuidadosamente, hasta que tengamos una capa fina. Programamos 30 minutos más en alta.
5. Dejamos reposar en la nevera de un día para otro. Sacamos la olla a la mesa para servir, espolvoreando la superficie con canela en polvo.

Tarta de Santiago

Raciones: **6 personas** Cocción: **2:00** ▲ Región: **Galicia**

Ingredientes

250 g de almendra molida cruda

250 g de azúcar

La ralladura de ½ limón

½ cucharadita de canela

5 huevos grandes

1 cucharada de azúcar glas para decorar

Preparación

1. Precalentamos la olla durante media hora en alta.
2. Ponemos en un cuenco la almendra molida, el azúcar, la ralladura de limón y la canela y mezclamos.
3. Agregamos los huevos previamente batidos con un tenedor y mezclamos con cuidado con los ingredientes sólidos.
4. Colocamos un molde o un papel de hornear en la olla y echamos la masa. Programamos 2 horas en alta. Pasado el tiempo, comprobamos con un palillo que está bien hecha: tenemos que asegurarnos de que en el centro la almendra esté cocinada y la masa no esté pegajosa.
5. Desmoldamos con cuidado y esperamos a que se enfríe.
6. Imprimimos, recortamos y colocamos la cruz de Santiago del tamaño de nuestra olla sobre la tarta y espolvoreamos el azúcar glas ayudándonos de un colador. Retiramos el papel con mucho cuidado de que el azúcar de encima no caiga sobre la tarta.

¿Sabías que...?

En el BOE puede encontrarse la receta de la tarta de Santiago, así como indicaciones sobre cómo debe realizarse. Allí puede leerse que para que nuestra tarta sea auténtica debe hacerse con almendras de las variedades Mallorca, mollar, marcona, comuna, largueta o planeta.

También se indica que la forma debe ser redonda, pero si tenemos una olla ovalada seguro que nos queda igual de buena.

Plantilla

Puedes descargar la plantilla para imprimir la cruz de Santiago en esta dirección: http://ollalenta.es/santiago.pdf

Tocinillo de cielo

Raciones: **6 personas** | Cocción: **4:00** ▼ | Región: **Andalucía**

Ingredientes para el caramelo

50 g de azúcar blanco
2 cucharaditas de agua
½ cucharadita de zumo de limón

Ingredientes para el tocinillo

400 g de azúcar blanco
300 ml de agua
3 huevos L
4 yemas de huevo L

Preparación

1. Antes de empezar, nos aseguraremos de que el molde quepa en nuestra olla. Encendemos la olla en alta. Echamos agua hirviendo hasta ¼ de la olla y tapamos.
2. Preparamos en un cazo el caramelo con 50 g de azúcar, 2 cucharaditas de agua y ½ cucharadita de zumo de limón. Calentamos en una sartén y en cuanto empiece a dorarse lo sacamos para que no quede muy oscuro. Acaramelamos el molde. Hay que hacerlo rápidamente, antes de que el caramelo solidifique, y con mucho cuidado, ya que estará muy caliente y podemos quemarnos.
3. Preparamos el almíbar con el azúcar y el agua. Dejamos cocer unos 15 minutos a fuego suave y luego dejamos que se enfríe otros 10 minutos.
4. Batimos huevos y yemas con una varilla, sin sacar espuma. Agregamos despacio el almíbar tibio mientras seguimos batiendo con la varilla. Lo echamos en el molde acaramelado a través de un colador.
5. Colocamos el molde en la olla precalentada, con cuidado de que no entre agua dentro. Cubrimos la olla con un trapo absorbente, bien estirado, y luego ponemos la tapa por encima. Así ayudamos a que se absorba la humedad y evitamos que gotee agua sobre el tocinillo. Cocemos unas 4 horas en baja. Para ver si está listo pinchamos con un cuchillo o pincho hasta que salga limpio.
6. Cuando esté hecho, metemos en la nevera unas cuantas horas o, mejor, de un día para otro.
7. Para servir desmoldamos pasando un cuchillo por el borde y lo volcamos.

Ingredientes y reemplazos

Agua blanda: agua poco calcárea. Si el agua de nuestra zona es muy dura, es decir, tiene mucha cal o no sabemos bien si lo es, mejor usar agua mineral o purificada para las legumbres, tanto en el remojo como en la cocción. El agua con mucha cal alarga los tiempos de cocción y las legumbres pueden quedarnos duras.

Alcaravea: o comino de prado. Es una especia similar al comino con toque picante y anisado. Puede reemplazarse por comino normal.

Anguila: es un pez alargado que, como vive en agua dulce y salada, es propio de las zonas de rías y albuferas. Puede reemplazarse por congrio en igual cantidad o por rape reduciendo el tiempo de cocción del pescado a la mitad.

Atún: es un tipo de pescado azul. El de mayor calidad es el atún rojo. Puede reemplazarse por bonito, especialmente por bonito del norte o por otro pescado azul como el salmón.

Bacalao al punto de sal: es bacalao salado, que ha sido desalado pero no por completo. Si no lo encontramos, podemos usar bacalao salado y tenerlo en remojo en agua 24 horas, cambiándola cada 8 horas.

Berza gallega: la berza en un tipo de col de hojas alargadas. Puede reemplazarse por la misma cantidad de grelos, repollo o col.

Bonito: es un tipo de pescado azul. El de mayor calidad es el bonito del norte o atún blanco. Puede reemplazarse por atún, en especial por atún rojo o por otros pescados azules como el salmón.

Butifarra fresca de payés: embutido típico catalán de carne fresca de cerdo. Puede reemplazarse por otro tipo de butifarra o salchicha fresca.

Butifarrón: embutido típico mallorquín de color oscuro. Puede reemplazarse por butifarra negra o por butifarra blanca.

Cabracho: es un pescado de roca. Puede reemplazarse por cualquier pescado de nuestro gusto: merluza, salmón, dorada... Para la receta necesitaremos aproximadamente 400 g de carne limpia y hervida de pescado.

Calabaza cidra: también llamada calabaza de cabello de ángel o calabaza confitera, es un tipo de calabaza de piel verde moteada de blanco. Su carne blanca se deshace en hilos y por eso se usa para hacer cabello de ángel. Se podría remplazar por otras calabazas, pero el resultado no sería cabello de ángel, sino dulce de calabaza.

Cebolla morada de Zalla: es un tipo de cebolla dulce, de color morado, de Vizcaya. Puede reemplazarse por cebolla dulce o por cebolla normal.

Faba asturiana: es un tipo de alubia blanca exclusiva de Asturias, de la variedad Granja Asturiana. Puede reemplazarse por otras judías blancas de calidad, reduciendo la cocción a 4 horas en alta.

Gallina: es más sabrosa que el pollo, pero puede reemplazarse por este.

Grelos: son las hojas que quedan bajo la flor de la planta del nabo. Pueden reemplazarse por grelos de lata o bote (1 manojo equivale a una lata) o por la misma cantidad de nabizas (hojas de nabo), berzas, repollo o col.

Judías de Ganxet: es una denominación de origen protegida de alubias de Cataluña. Son pequeñas, blancas y cremosas. Pueden reemplazarse por judías blancas de buena calidad.

Judiones de La Granja: alubia blanca de gran tamaño procedente de la zona de La Granja de San Ildefonso. Puede reemplazarse por otras judías blancas de calidad, reduciendo la cocción a 8 horas en baja.

Langostino: puede reemplazarse por otros crustáceos de nuestro gusto, como gambas grandes o, si quisiésemos dar más enjundia al plato, por carabineros, manteniendo el mismo peso.

Lacón: el lacón gallego o curado es la pata delantera del cerdo salada y curada. Puede reemplazarse por el mismo peso en jamón curado.

Lima: podemos reemplazar la ralladura de las 2 limas por la de un limón grande. En nuestra receta, la mitad va en el quesillo y la otra mitad sobre él.

Maíz congelado: puede reemplazarse por maíz de lata o maíz dulce fresco (desgranado). Usar la misma cantidad (una vez eliminada el agua de la lata o desgranado) que de maíz congelado.

Melocotón de Calanda: este melocotón es famoso por su dulzura y su tamaño. Reemplazar por cualquier otro melocotón maduro en igualdad de peso.

Níscalos: también llamados guíscalo, reboñuelo o robellón, es un tipo de seta muy común en España en otoño. Puede sustituirse en la misma cantidad por otras setas de nuestro gusto, como champiñones, *shiitake* o portobellos.

Pan moreno de payés: es un pan sin sal de miga prieta y color tostado, hecho de harina de trigo candeal. Puede reemplazarse por algún pan de hogaza que tenga la miga prieta.

Papada de cerdo adobada: se preparan los torreznos con ella. En la receta de las patatas revolconas puede reemplazarse por cualquier panceta o incluso por beicon.

Papas antiguas pequeñas: es un tipo de patatas que se cultivan en Canarias. Hay muchas variedades, con diferentes aspectos y colores (negras, bonitas...), todas menudas e irregulares. Podemos reemplazarlas por patatas pequeñas o de guarnición, de unos 4 centímetros de diámetro.

Pasta de almendras: masa similar al mazapán, pero sin hornear. Puede reemplazarse por el mismo peso en mazapanes, triturados con la picadora.

Pedro Ximénez: es un vino pasa dulce. Puede reemplazarse por otro vino pasa, por vino dulce tinto como Málaga Virgen, por oporto dulce o por moscatel en la misma proporción.

Perdiz: se puede reemplazar cada perdiz por un par de codornices, por medio faisán o por un cuarto trasero de pollo.

Pimentón de la Vera: polvo rojo hecho a base de moler pimientos previamente ahumados. Puede usarse dulce, picante o agridulce (mezcla de los dos) y pueden reemplazarse unos por otros según nuestro gusto y el toque picante que queramos dar a la comida. El color y el sabor del pimentón de la Vera es inconfundible, por lo que no recomiendo reemplazarlo por otros pimentones.

Pimienta picona: son unos pimientos secos ligeramente picantes canarios. Pueden reemplazarse por ½ pimiento choricero o 1 ñora. Entonces agregaremos una cayena para aportar el elemento picante.

Pimientos del piquillo de Lodosa: son pimientos rojos, asados, pequeños y de gran calidad y sabor. Tienen forma plana-triangular. Pueden reemplazarse por otros pimientos rojos pequeños asados y pelados, como los del Bierzo o por pimientos rojos morrones asados y pelados enteros, reduciendo la cantidad a la mitad, al ser más grandes.

Pimiento morrón: son dulces, grandes, carnosos y redondeados por la base. Son los más frecuentes en las tiendas y para cocinar. Pueden reemplazarse por otros pimientos dulces y carnosos como el pimiento lamuyo, el california o el de Reus.

Pochas: tipo de alubia blanca que suele consumirse fresca y prácticamente inmadura. Podemos reemplazarlas por otras alubias frescas o secas y remojadas con antelación.

***Ras al hanout*:** también llamada mezcla marroquí, es una mezcla de hierbas, flores y especias frecuente en la cocina árabe. Cada mezcla es única y es casi imposible de elaborar en casa porque hay ingredientes dífíciles de conseguir en Occidente, por lo que es recomendable comprarlo preparado. Opcionalmente podríamos mezclar a partes iguales pimienta negra y blanca, cardamomo, semillas de cilantro, laurel, nuez moscada y clavo y en cantidad doble comino, canela y jengibre. Pasaríamos todo por una sartén seca para dorar las especias y extraer los aromas y lo moleríamos muy fino todo junto usando un mortero.

Raya: es un pescado blanco plano, también llamado manta o mantarraya. Puede reemplazarse por bacalao desalado.

Requesón: es un producto lácteo, similar al queso fresco, granuloso y pastoso. Puede reemplazarse por ricotta, queso fresco, queso crema o cuajada.

Sepia: es un molusco cefalópodo, también llamado jibia, choco o cachón. Puede reemplazarse con calamares, anillas de pota, calamares pequeños enteros o cualquier otro cefalópodo. Para animales pequeños, más finos, reducir 2 horas el tiempo de cocción, asegurándonos de pochar bien la cebolla previamente, ya que al reducir los tiempos es posible que no se haga bien en la olla.

Sesos de cordero: aunque dan un toque muy cremoso al guiso, pueden eliminarse de la receta.

Sidra asturiana natural: la sidra natural es una bebida de baja graduación hecha a base de manzanas y sin gas. Puede reemplazarse por otra sidra natural no asturiana (vasca, gallega...) o por otra bebida de baja graduación como el vino blanco. Como opción sin alcohol podemos emplear ginger ale.

Tortas cenceñas: son unas tortas redondas de pan ácimo (sin levadura) horneado. Se usan porque absorben mucho caldo. Podemos reemplazarlas por pan ácimo, crackers o regañás.

Unto: es tocino rancio y aporta un sabor amargo muy característico a los platos gallegos. Existe un producto similar en la zona de levante llamado sagí que puede usarse en su lugar. También puede reemplazarse por tocino o manteca rancia, o sencillamente no poner nada.

Vainilla: las vainas con las semillas de este tipo de orquídea se usan para aromatizar postres. Pueden reemplazarse las vainas por media cucharadita de pasta o extracto de vainilla.

Verdinas: alubias pequeñas de color verde claro que se producen en Asturias. Pueden reemplazarse por una alubia blanca de calidad.

Vino blanco: podemos hacer un sustituto del vino sin alcohol con ⅔ de caldo de pollo o verduras, ⅓ de mosto blanco y un poco de vinagre blanco y usarlo en la misma cantidad indicada en la receta.

Vino Cariñena: reemplazar por cualquier vino tinto joven en igual proporción. Como opción sin alcohol podemos usar mosto, reduciendo el azúcar de la receta a la mitad.

Vino oloroso: son vinos generosos secos elaborados mediante crianza oxidativa. Los más conocidos son las D. O. Jerez o Montilla-Moriles. Puede también reemplazarse por un vino generoso (manzanilla, fino...) o por otro vino blanco seco.

Vino tinto: podemos hacer un sustituto del vino sin alcohol con $2/3$ de caldo de carne, $1/3$ de zumo de uva roja y un poco de vinagre oscuro y usarlo en la misma cantidad indicada en la receta.